CHANSONS

ET

PASQUILLES LILLOISES

DE

DESROUSSEAUX.

> Le bon Dieu me dit : Chante,
> Chante, pauvre petit.
> *Béranger.*

CINQUIÈME VOLUME.
AVEC MUSIQUE.

LILLE,
IMPRIMERIE L. DANEL.
—
1885

CHANSONS

ET

PASQUILLES LILLOISES.

CHANSONS
ET
PASQUILLES LILLOISES
DE
DESROUSSEAUX.

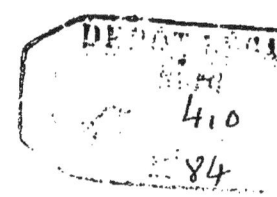

Le bon Dieu me dit : Chant
Chante, pauvre petit !
BÉRANGER.

CINQUIÈME VOLUME
AVEC MUSIQUE.

LILLE
IMPRIMERIE L. DANEL.
1885

En m'envoyant les couplets ci-après transcrits, Édouard Hachin, le spirituel auteur d'un grand nombre de chansons devenues populaires et notamment du délicieux petit poème intitulé : « *La Tour Saint-Jacques* » que Darcier a mis en musique, m'a adressé une lettre d'où j'extrais ce qui suit :
« Mon cher Desrousseaux, je désire que vous insériez la présente chanson en tête de l'une de vos prochaines publications, en guise de préface, avec ma demande, bien entendu. »

Bien qu'il m'en coûte un peu d'insérer dans un de mes volumes des couplets où mes petites productions sont trop bienveillamment appréciées, je m'exécute, afin de pouvoir remercier, comme je le dois, le vénérable chansonnier parisien, de l'honneur qu'il m'a fait en me présentant, comme membre honoraire, à la Société littéraire « *La Lice chansonnière* », où je compte maintenant d'excellents amis, après être venu exprès à Lille pour m'en faire la proposition.

A. D.

A DESROUSSEAUX,

Qui m'avait envoyé des assiettes illustrées par des vignettes de ses chansons.

Air à faire.

Mon cher filleul(*), grand merci
De tes assiettes. Ce gage
Vient à point : j'avais souci
De remonter mon ménage.
Chez moi, l'assiette en morceaux
Cause une forte dépense ;
C'est comme chez les *agneaux*
De mon pauvre ami Colmance (²).
Grâce à toi, j'ai pour dessert
Le plus aimable concert.

(*) J'ai eu l'honneur d'être le parrain du célèbre Chansonnier lillois, son entrée à la *Lice chansonnière*.

(**) Dans la chanson : *Les Petits Agneaux*, de Charles Colmance, on casse tout, principalement la faïence.

E. HACHIN.

Placer ainsi le couplet
Sur l'assiette, n'est point bête ;
Il est près du gobelet,
Autre aimable outil de fête.
Quel bonheur ! quand, triste et vieux,
Seul, j'allais vider mon verre,
Tu m'apparais, tout joyeux,
Sous l'*Habit de ton Grand-Père !*
Grâce à toi, j'ai pour dessert
Le plus aimable concert.

A ma table, sans façon,
Moi, ton vieux compatriote,
Je fais placer ta chanson.
D'abord, le garçon *Girotte*,
Puis le *Nunu*, le *Balourd* ;
Et, malgré tes épigrammes,
J'inviterai *Manicour*
Quand nous recevrons des dames.
Grâce à toi, j'ai pour dessert
Le plus aimable concert.

Aux enfants, je ferai voir
Une charmante merveille :
Un bébé dort, c'est le soir,
Près de lui, sa mère veille.
Les enfants tendront la main ;
— J'éviterai leur manœuvre ! —

Petits, baisez le *Quinquin*,
Ne brisons pas ce chef-d'œuvre !
Grâce à toi, j'ai pour dessert
Le plus aimable concert.

Mon père était un Lillois,
J'ai vécu près de la Deûle.
Dis-nous toujours les exploits
De ta ville, mon aïeule ;
Quand elle est sous ton fusain,
Industrieuse, aguerrie,
Je bois à chaque refrain
Aux enfants de la Patrie !
Grâce à toi, j'ai pour dessert
Le plus aimable concert.

Nos arrière-petits-fils,
Dans mille ans, feront ta gloire.
On se dira : « Du pays
S'il faut apprendre l'histoire,
Prenons Desrousseaux d'abord !
Les chants, les mœurs, les coutumes
Du département du Nord,
Sont dans ses quatre volumes. »
Grâce à toi, j'ai pour dessert
Le plus aimable concert.

Édouard HACHIN,
Président d'honneur de la *Lice chansonnière*.

Paris, Décembre 1880.

Le quatrième volume des *Chansons et Pasquilles lilloises* contient, à la fin, un vocabulaire des mots et des locutions qui nous ont paru avoir le plus besoin d'être expliqués aux personnes imparfaitement initiées au patois du Nord.

Pour n'avoir pas à reproduire ce travail, nous y renvoyons le lecteur.

Nous nous bornerons à donner, au bas des pages, des notes sur les mots peu usités qui ne se trouvent pas dans ledit vocabulaire, et aussi des explications sur l'orthographe que nous avons adoptée et qui ne figurent pas dans la « Petite Notice sur le patois de Lille » placée en tête de notre premier volume.

MON VIOLON.

Air de l'auteur des paroles.

(Noté. — N° 1.)

Eun' drôl' d'idé' s'a fourré dins m' cervelle :
J'ai biau l' fair' partir,
A tout moumint je l' sins r'venir.
Ch'est d' raconter, d' min compagnon fidèle,
D' min bon vieux violon,
L'histoir' par eun' canchon.
Pour tacher d' m'in fair' quitte,
J' m'in vas m'y mett' bien vite,
Heureux si mes couplets
N' sont point trouvés trop laids.

Et v'là, vous povez m' croire,
L'histoire,
V'là l'histoir', tout au long,
D' min violon.

Il étot vieux quand min brave homm' de père,
V'là quater-vingts ans,
L' l'a payé juste dije-huit francs.
Aïant de l' crass' mêlée à de l' poussière
D'un pouc' d'épaisseur,

On n'veyot pus s' couleur ;
I n'avot qu'eun' cheville,
Eun' corde fort débile,
Infin, de ch' pauv' crincrin,
L'archet n'avot pus d' crin.

Et v'là, vous povez m' croire,
L'histoire,
V'là l'histoir', tout au long,
D' min violon.

Min pèr', soldat, fait les guerr's d'Italie,
De l' Vendée aussi,
In portant ch' violon avec li.
Quoiq' bon troupier, quéq'fos, l' mélancolie
V'not l' saisir... Viv'mint,
I pernot s'n instrumint.
I s' rappélot s' famille,
Tous ses amis, l' vieux Lille...
Un p'tit air de violon,
L' rindot gai comm' pinchon !

Et v'là, vous povez m' croire,
L'histoire,
V'là l'histoir', tout au long,
D' min violon.

De r'tour à Lille, après douze ans d' services,
Min pèr', pass'mintier,

N' gaingnot point gros dins sin métier.
Sans sin violon, i n'n arot vu des grisses !
    Mais, juan' au bal,
      Dins l' temps du carneval,
      L'été, dins les ducasses,
      Et dins dés noc's cocasses,
    Tout in r'chevant d' l'argint,
    I passot l' temps gaîmint.

    Et v'là, vous povez m' croire,
        L'histoire,
    V'là l'histoir', tout au long,
      D' min violon.

Pourtant min père a vu des drôl's de cosses :
      Malgré l' prix conv'nu,
  Faut l' dire, i n' l'a point toudis r'chu.
Et v'là qu'un jour, in plein mitan des noces
      D'un p'tit charcutier,
      Avé l' fille d'un chav'tier,
      Il arrive eun' dispute...
    On s' calotte, on s' culbute,
    Tout l' bal est boul'versé,
    Et l' violon fracassé.

    Et v'là, vous povez m' croire,
        L'histoire,
    V'là l'histoir', tout au long,
      D' min violon.

On l' raccommode... et puis... min père l' quitte,
   Hélas ! pour toudis,
 Ainsi qu' ses parints, ses amis.
Tout seu d' garchon, de ch'l instrumint j'hérite;
   Apprinti, j' m'in sers,
   Et, bien souvint, j' m'y perds.
   Plein d' goût, pus rien n' m'arrête :
   Jour' ouvrants, jours de fiête,
   J' raclos jusqu'à minuit...
   Mes voisins m'ont maudit !

  Et v'là, vous povez m' croire,
    L'histoire,
  V'là l'histoir', tout au long,
    D' min violon.

Mais, j' tire au sort, et, dins l' quarant'-sixième,
   Vettiez l' chanc' que j'ai,
 On m'invoi' fair' tout un congé.
J'y donn' des l'çons d' musique, et, quéq'fos, même,
   J'y faijos danser,
   Car, ainsi qu' chacun l' sait,
   Dins tout' caserne, in France,
   On trouve eun' sall' de danse...
   A fair' tout cha, j' gaingnos
   Jusqu'à dix francs par mos !

  Et v'là, vous povez m' croire,
    L'histoire,
  V'là l'histoir', tout au long,
    D' min violon.

On a trouvé dins mes canchons pour rire,
   Des p'tit's qualités...
 Mes airs, surtout, sont bien vantés.
Comme un sans cœur, mi j' laich'. tout faire et dire,
   Mais, t'nez, j' n'y tiens pus,
   V'là l' vérité là-d'sus :
  Les airs de *Violette*,
  Du *P'tit-Quinquin*, d' *Liquette*,
  D' *Manicour*, du *Broqu'let*,
  Min violon a tout fait.

  Et v'là, vous povez m' croire,
    L'histoire,
  V'là l'histoir', tout au long,
    D' min violon.

Malheureus'mint, j'ai perdu l' biell' jeunesse,
   Et l' joyeuss' gaîté,
 Hélas ! avec ell' m'a quitté;
Et min violon, qui n' connot point l' tristesse,
   Dot bien s'étonner
   De s' vir abandonner.
  I n'a qu'à prind' patieince,
  Car un jour viendra, j' pinse,
  Qu'un d' mes infants, luron,
  In f'ra sin compagnon.

  Et v'là, vous povez m' croire,
    L'histoire,
  V'là l'histoir', tout au long,
    D' min violon.

MIMI LAMOUR.

Air de l'auteur.

(Noté. — N° 2.)

Mimi Lamour étot marchand' toilière,
Mais, perdant s'n homm', comme elle avot d'l'argint,
Suivant sin goût, ell' s'a mis cabar'tière,
Un moyen d' vive in aïant d' l'agrémint.
      Aussitôt, cheull' femin' joyeusse,
        A pris, volant réussir,
      Pour einseinne : *A l'Amiteusse*...
      On n' povot point mieux queusir.

      In veyant ses manières,
      On peut dir' sans détour,
      Que l'. rein' des cabar'tières
        Ch'est Mimi Lamour.

Quoiq' déjà veuve, au moins, n'allez point croire
Qu'elle est vieillotte... Ell' n'a point quarante ans !
Ell' compte incor trint'-deux dints dins s' machoire,
Et s' gross' figure a l' fraîcheur du printemps.

Ah ! tous ses ch'veux sont bien d'elle ;
Ses yeux, ses sourcils sont biaux ;
Pou' l' forche, ell' n'a point s' parelle ;
Ses bras, ch'est des vrais potiaux !

    In veyant ses manières,
    On peut dir' sans détour,
    Que l' rein' des cabar'tières
      Ch'est Mimi Lamour.

Tout nettoyer, chaq' matin, ch'est s'n affaire,
In négligé : gros bas d' laine et chabots,
Manches r'troussé's, jupon r'levé derrière,
Ecourcheu d' toile et l' pus vieux d' ses capots.
    Queulle ardeur à laver s' plache ! (*)
    Comme elle est heureusse, après,
    De l' vir prop' comm' sin visache,
    Et d' fair' des dessins dins l' grès !

    In veyant ses manières,
    On peut dir' sans détour,
    Que l' rein' des cabar'tières
      Ch'est Mimi Lamour.

Quand vient la brune, ell' va s' mette in toilette,
Pour faire honneur à ses buveux du soir.
A les servir, à tout geste, elle est prête :
Ell' trotte, ell' court, des table' à sin comptoir.

(*) En francisant, *place* ; pièce située au rez-de-chaussée d'un immeuble.

Comme i n'y-a (*) qu'ell' pour tout faire,
Elle a d' quoi s' délicoter...
Cha n'impêch' point qu' cheull' commère
Trouve l' moyen d' tricoter !...

   In veyant ses manières,
   On peut dir' sans détour,
   Que l' rein' des cabar'tières
     Ch'est Mimi Lamour.

In m'acoutant, j' pari' qu' pus d'un d' vous pinse
Qu'ell' pousse à l' vinte. Ah ! mes gins, halte-là !
Tout au contraire, elle arrête l' dépinse
Quand on s'écauff'... S'il arriv', malgré cha,
   Qu'un p'tit buveu vient malade,
   Ell' le soign' d'un cœur ouvert,
   Ell' li fait de l' limonade,
   S'i n' va point mieux, du thé vert.

   In veyant ses manières,
   On peut dir' sans détour,
   Que l' rein' des cabar'tières
     Ch'est Mimi Lamour.

(*) Le trait d'union indique qu'il y a lieu de ne faire qu'une seule syllabe de ces trois lettres : *n'y-a*, même lorsque la dernière commence le mot suivant, comme dans ce vers de la pasquille de « La Maison de Thérèse », qu'on trouvera plus loin :

   Si, près d'ell', *n'y-avot* point d'caf'tière.

Mais cheull' brav' femm', si bonn', si complaisante,
I n' fait point bon qu'on li marche su' l' pié,
Quand un soûlo', à l'humeur contrariante,
Veut, dins s' mason, v'nir troubler l'amitié,
   « Assez ! qu' ell' li dit, cha m' lasse ! »
   Si ch'l homm' n'intind point raison,
   Faut vir comme elle a bonn' grâce
   A l' mette à l' port' de s' mason !

     In veyant ses manières,
     On peut dir' sans détour,
     Que l' rein' des cabar'tières
       Ch'est Mimi Lamour.

On a parlé d' l' honnêt'té des gins d' Lille.
Avec justic' nos marchande' ont che r'nom
Mimi Lamour su' ch'l article in vaut mille,
Pour in juger, fait's-li vinde un canon.
   Sans péser sin biennifice,
   Soyez sûrs qu'ell' vous dira
   Pus d' six fos : « *A vot' service,*
   Savez !... Quand i vous plaira !

     In veyant ses manières,
     On peut dir', sans détour,
     Que l' rein' des cabar'tières,
       Ch'est Mimi Lamour.

LES DEUX GRANDS-PÈRES.(*)

Air de l'auteur.

(Noté. — N° 3.)

J' connos deux bons vieux grands-pères,
Amis d' quarante an', au moins,
Malgré qu' leus deux caractères
Sont différints su' tous points.
L'un crot tout chin qu'on raconte,
Chin qui s'affiche et s'écrit ;
L'aut', qui prind tout pour un conte,
Même l' vrai, souvint, li dit :

— Ah ! m'n ami ! (*Bis.*)
Ah ! si te cros cha, m'n ami,
T'es bien pus bonnass' que mi !

(*) Les personnes qui voudraient faire de cette chanson une petite scène à deux personnages, sont priées de remarquer qu'il suffit d'y apporter les modifications suivantes :
1° Supprimer le premier couplet;
2° Remplacer les quatre premiers vers du deuxième couplet par ceux-ci :

Bonjour, Ritin, min compère,
Que j' sus contint de t' trouver,
Pou' t' raconter eune affaire,
Triste, et su' l' point d'arriver !

Naturellement, le premier *grand-père* dit tous les couplets, et le second chante invariablement le refrain.

Et, t'nez, je n' peux point mieux faire,
Qu'à deux, d' les laicher d'viser.
L' premier dit : « Te sais, compère,
L' malheur su' l' point d'arriver.
Dins min voisinache, eun' femme
Est morte hier au matin,
Sin pauvre homm', tell'mint qu'il l'aime,
Veut s' laicher morir de faim. »

— Ah ! m'n ami ! (*Bis.*)
Ah ! si te cros cha, m'n ami,
T'es bien pus bonnass' que mi !

« J' viens d' faire un rêve incroyable,
Qui m'a mis tous sens-sus-d'sous.
J'ai vu là, comptés su' m' table,
Chint mill' francs, tout in p'tits sous.
Aussi, bien vite, à l' lot'rie,
J' risque l'argint d' deux billets.
J'arai l' gros lot, je l' parie,
Car un rêve n' mint jamais. »

— Ah ! m'n ami ! (*Bis.*)
Ah ! si te cros cha, m'n ami,
T'es bien pus bonnass' que mi !

« Nous allons voiter dimanche,
Pour un nouviau député,
Qui nous a promis d'avanche
Pus d'eun' marque de s' bonté.

Dins l' discours qu'i vient d' nous faire,
I n' promet qu' du bon, du biau...
Par li nous vivrons, j'espère,
Comm' des p'tits pichons dins l'iau. »

— Ah ! m'n ami ! (*Bis.*)
Ah ! si te cros cha, m'n ami,
T''es bien pus bonnass' que mi !

« Un richard de m' connaissance,
Va s' mett' dins l' grand régimint,
Avé l' fill' d'un maît' de danse,
Qui n'a qu' vingt ans... Heureus'mint,
Elle apporte mieux qu'eun' rinte
Pou' l' bonheur de ch' vieux zouzou :
Elle est incor einnochinte
Comm' l'infant sortant du chou. »

— Ah ! m'n ami ! (*Bis.*)
Ah ! si te cros cha m'n ami,
T''es bien pus bonnass' que mi !

« Quoiq' te n' veux jamais rien croire,
Faut que j' te racont', Ritin,
Qu' l'ainné' passée, à la foire,
Eun' femme, in vettiant dins m' main,
A vu min passé : m' naissance,
Mes p'tit's farces du jeun' temps...
Et m'a dit que m'n existence
N' finira qu'après chint ans. »

— Ah ! m'n ami ! (*Bis.*)
Ah ! si te cros cha, m'n ami,
T'es bien pus bonnass' que mi !

« On n' m'a jamais connu chiche.
A mes parints malheureux,
Malgré qu' je n' sus point fort riche,
Toudis j' donne autant que j' peux.
Quand j'arai fait l' grand voyache
Les pieds d'vant, i s' partag'ront
Tout chin qu' j'ai... cha m' rind bénache,
Car, bien sûr, i me r'grett'ront !... »

(Ritin, avec tristesse).

— Ah ! m'n ami ! (*Bis*).
Ah ! si te cros cha, m'n ami,
T'es bien pus bonnass' que mi !

LA RENTRÉE D'UN CONCOURS.

PASQUILLE.

Que j' viens d' vir un curieux tableau ! (*)
Non, jamais j' n'ai rien vu d' pus biau.
Cha r'présinte eun' bourgade in fiête.
A chaq' port' comme à chaq' ferniête,
Et tout partout, les grands, les p'tits,
Ont des visach's fort réjouis.
Ch'est qu'i s' passe eun' coss' vraimint bielle,
Qu'on n'a vu, d'puis longtemps, l' parelle,
Et qu'on n'peut point vir tous les jours :
Eun' musiq' rev'nant d'un concours !...

Ch'est in plein été, vers la brune,
Vis-à-vis de l' Mason commune,
On vot tous chés gais musiciens
Admirés par eun' masse d' gins
Qui leur jett'nt des fleurs... Monsieu l' Maire,
Avec ses adjoints, et, derrière
Euss', sin greffier, li' un discours.

*) Tableau de M. Jules Denneulin. — Exposition de Lille. — 1881.

Il a l'air de dir' : « De ch' concours
On parlera dins l'an deux mille,
Et même après, dins chaq' famille...
Aussi tous les nòms des vainqueurs
Rest'ront gravés dins l' fond d' nos cœurs. »

Autour de li, tout l' mond' l'acoute,
Sans bouger, et personne n' doute
De l' vérité d' cheull' prédiction,
Tell'mint ch' bon Maire y met d' l'action.
L'officier d' musiq', qui l'le r'vette,
Et qui tient d'eun' main s' clarinette,
Et d' l'aute un superbe bouquet,
Heureux, s' tient raid' comme un piquet.
Chaq' musicien aussi s' ringorge,
Et s' gonfle comme un soufflet d' forge.
Mais l'un d'euss', pour tout dir' vraimint,
N'intind point du tout ch' complimint,
Car, in honnêt' pèr' de famille,
I tient dins ses bras s' petit' fille,
Et l' bajote (*) avec tant d'ardeur,
Qu'on jur'rot, là, parol' d'honneur,
Qu'il arriv' du fin fond d' l'Afrique,
   Ou d' l'Amérique,
Et qu'i n' l'a point vu' d'puis six mos
      Eun' petit' fos...

(*) Baisote.

On r'marque eune aut' petit' fillette,
Avec un bouquet, qu'ell' dot r'mette
A quéqu'un, quand l' discours s'ra dit.
Pauvre infant ! autant qu'un conscrit
Qui vient d' quitter ses père et mère
Et parte pour l'armé' d' la guerre,
Elle a l'air tout triste... elle a peur...
On dirot qu'on vot sin p'tit cœur,
Malgré ses habits, qui palpite...
Aussi, chacun dit : « Pauv' petite ! »

Des musiciens l'air triomphant,
Est, au contrair', réjouissant,
Quand on sait qu' cheull' glorieuss' bienv'nue
Est fait'... pour un prix *d' biell' tenue*.

In veyant ch' tableau, tout l' mond' rit
Et dit qu' Denneulin a d' l'esprit.

———

LES PINT'LEUX.

Air de l'auteur.

(Noté. — N° 4.)

A Louis COLLIN, Poète-Improvisateur.

> Ch'est Collin, ch' fameux poète,
> Si savant, si bon garchon !
> Qui m'a mi', un jour, dins l' tiête
> L'idé' d' vous fair' cheull' canchon.
> A. D.

Incore un bon personnache
Qu'on n' verra pus bien longtemps,
Ch'est l' Pint'leu. — I déménache,
Comm' tout séquoi du vieux temps.
Avant qu' hélas ! i nous quitte,
Donnons-li quéq's mots de r'gret,
Et tâchons d'in fair' bien vite,
Et fidèl'mint l' vrai portrait.

    On peut l' dire,
    Sans s' dédire,
    Les pint'leux
Ch'est des gins curieux.

Les pint'leux sont, d'ordinaire,
Des vieux imployés r'traités,
Des p'tits rintiers, n' sachant qu' faire
D' leu temps, des marchands r'tirés.
Tous homme' à ch't heur' dins l'aisance,
Par coutume, avaricieux,
Aïant passé l'existence
A coper un doupe in deux.

  On peut l' dire,
  Sans s' dédire,
  Les pint'leux
Ch'est des gins curieux.

Puisque j' dis qu'i sont avares,
Faut qu' je l' prouve autant que j' peux,
Non point par des traits fort rares,
Mais par quéq's-uns bien fameux.
Quand l' pint'leu n'a bu qu'eun' pinte,
I met treiz' centim's dins l' main
De l' cabar'tière... Ah! queull' feinte !
Il in donn' douze l' lind'main.

  On peut l' dire,
  Sans s' dédire,
  Les pint'leux
Ch'est des gins curieux.

Tout cabar'tier, cabar'tière,
Polimint vous servira

Toudis l' premier verr' de bière...
Mais l' pint'leu n'intind point cha.
Tout' pleine on li donne s' pinte ;
Il l'ouvre au bout d'un moumint,
Et s'i vot qu'i n'y-a de l' freinte (*),
I ruchonne (**) et fameus'mint.

    On peut l' dire,
    Sans s' dédire,
    Les pint'leux
Ch'est des gins curieux.

Quoiq' faijant faible dépinse,
Comme on l' vot, pou' s' divertir,
Dins sin palais, jamais prince
Ne s' f'ra, comme eusse, obéir.
Qui n' l'a vu, n' vodra point l' croire,
Des cabar'tiers, ch'est l' tourmint.
Jusqu'à pour verser à boire
I sont déringés souvint.

(*) *Freinte.* Déchet, perte occasionnée par la dessiccation. — Perte qu'on éprouve par la diminution du poids d'une chose en la travaillant. (Hécart). — Perte qu'occasionne l'ébullition et la fermentation dans les liquides. (L. Vermesse).

Dans le cas particulier où se trouve ici le *Pint'leu,* la *freinte* provient de ce que, comme nous l'avons dit dans la chanson du *Nunu:*
    « Pus d'un cabar'tier,
    » Comme on l' sait , tire s' bière à l' mousse... »
et que cette mousse, qui disparaît au bout d'un instant, tient, dans la pinte, une place que la vraie bière occuperait mieux au goût du buveur économe.

(**) Bougonne, gronde entre ses dents.

On peut l' dire,
Sans s' dédire,
Les pint'leux
Ch'est des gins curieux.

I n'est mêm' point bien facile
D' leu plaire... Et t'nez, jugez-in :
Si, trop fort monté, l' gaz file,
Si l' peindule n' va point bien,
Si l' bière, hélas ! n'est point claire,
S'i fait frod, s'i fait trop caud,
Tout aussitôt, l' cabar'tière
Est sermonné' comme i faut.

On peut l' dire,
Sans s' dédire,
Les pint'leux
Ch'est des gins curieux.

Volez-vous lire l' gazette ?
Méfiez-vous bien du pint'leu,
Car, semblant de rien, i guette
Pour vir arriver l' porteu.
S'il l'a, par tous ses *confrères*
Elle est *r'tenue* aussitôt...
Vous, pindant des heure' intières,
Vous povez croquer l' marmot.

On peut l'dire,
Sans s' dédire,

Les pint'leux
Ch'est des gins curieux.

Un pint'leu célibataire,
Soupe au cabaret. — Ch'est bon,
Tant qu'i n' maing' que d' l'andoull' d'Aire,
Du p'tit salé, du gambon,
Du fi, du lard. avé s' couënne...
Mais, dit's si ch'est régalant,
Quand on l' vot s' bourrer sans gêne,
Avec du fromach' puant !

    On peut l' dire,
    Sans s' dédire,
    Les pint'leux
    Ch'est des gins curieux.

J'avos-t-i point raison d' dire
Qu' ch'est un fort drôl' de m'n ami,
Que l' pint'leu?... Mais j' vous vos rire,
Et j' cros qu' vous pinsez comm' mi,
Qu' in train d' plaisi, dins la lune,
On ira vir des coqu'leux,
Quand l' cabar'tier f'ra fortune
Avec l'argint des pint'leux.

    On peut l' dire,
    Sans s' dédire,
    Les pint'leux
    Ch'est des gins curieux.

L'AMOUREUX D' MAD'LON

Air du Graissier (4ᵉ volume).

(Noté. — N° 5.)

« L'aut' jour, Mad'lon, à s' biell'-sœur Mari'-Claire,
Tout in ouvrant, parlot de s'n amoureux.
Ell' li dijot : « D'puis que j' connos ch' compère,
J' peux bien m' vanter d' passer des jour' heureux.
    Il a toudis l' mot pour rire,
    Et n' décesse d' dire :
    « Soyons gais tertous,
Ch'est la fin du monde après nous ! »

    Ah !... ch'est un joyeux drille, ⎫
      M'n amoureux !   ⎬ Bis.
    Vraimint, dins tout Lille,
      N'y-a point mieux. » ⎭

» Quand nous allons faire eun' petit' prom'nade,
Pou' m' régaler, i n' vette à rien, ch' luron.
I m' forche d' boir' du vin, de l' limonade ;
I m' fait mainger deux tros portions d' gambon ;
  I dévaliss' les marchandes
   D' macarons, d'amandes...
   Si j' li dis : Merci !
 Il in fourr' dins m' poch' malgré mi.

   Ah !... ch'est un joyeux drille,
    M'n amoureux !
   Vraimint, dins tout Lille,
    N'y-a point mieux.

» Min grand bonheur ch'est quand i m' mène à l'danse.
Des heure' intière' i m' fait valser, polker ;
Dins les quadrille', i faut vir comme i s' lance !
I saute, i tourne, infin, i m' fait tant suer
  Quand nous faijons *la scotiche*,
   Qu' on tordrot m' quemiche ;
   Et dins les galops,
 I m' porte quéq'fos su' sin dos !

   Ah !... ch'est un joyeux drille,
    M'n amoureux !
   Vraimint dins tout Lille,
    N'y-a point mieux. »

» n'est point fort pour canter des romances,
Ni des grands airs, à côté d'un piano,
I dit qu' chés mots : « *Soupirs d'amour, souffrances* »
Quoique in musiq', cha n'est ni gai, ni biau.
  Mais s'i s'agit d'eun' drôl'rie,
    I n' faut point qu'on l' prie,
    I forch' les Chagrins,
 Même, à t'nir leu panche à deux mains.

   Ah!... ch'est un joyeux drille,
    M'n amoureux !
   Vraimint, dins tout Lille,
    N'y-a point mieux. »

« A l' Société r'nommé' du *Bale-in-Suisse*,
Il est intré. Cha fait qu'au Carneval,
Au moins tros fo', avec li, je m' déguisse,
Pour m'in aller bien m' divertir au bal.
  Dins l' jour, queu plaisi, ma fille !
   Nous parcourons l' ville,
   Vindant des canchons
 Composé's pa' ch' roi des chochons !

   Ah!... ch'est un joyeux drille, ⎫
    M'n amoureux !   ⎬ Bis.
   Vraimint, dins tout Lille,   ⎪
    N'y-a point mieux. »   ⎭

LA MAISON DE THÉRÈSE. (*)

PASQUILLE.

L' mason d' Théresse est au villache
Du nom d' Gouy, dins l' Pas-d'-Calais.
On l' trouv' pus curieuss' qu'un palais,
Quand on vot, d' Salomé, l'ouvrache.

Parlons d'abord de l' quemeinnée
Garni' d'étoffe, app'lé' frontiau.
Haute, autant qu'un p'tit mât d' batiau,
Ell' n'est point bâti' de ch'l ainnée.

Contre l' mur, des assiett's fort bielles
In viell' faïence, avec des fleurs,
Donn'nt invie à nos amateurs
D'avoir, à prix d'or, les modèles.

Que d' séquois curieux dins cheull' plache !(**)
Un meuble ancien, eun' boîte à sé,
Eun' viell' soupière, un vieux craché, (***)
Comme on n'in vot pus qu'au villache.

(*) Titre d'un tableau de notre ami regretté, Émile Salomé. — M de Lille.

(**) Place ; pièce au rez-de-chaussée.

(***) Petite lampe en fer à l'usage des campagnes.

On r'marque incore eun' viell' cayère
Et... — Vous rirez d' mi, si je l' dis —
Théresse n' s'rot point d' sin pays,
Si, près d'ell', n'y-avot point d' caf'tière.

Brav' Théress', qu'elle a bonn' figure !
Elle est r'présinté' tout bonn'mint
Assie et p'lurant tranquill'mint
Des petot's, cheull' bonn' norriture !

On vot qu'ell' ne r'tir' des puns-d'-tierre
Qu'eun' p'lure aussi minc' qu'un ruban,
Comme l' fait tros chints fos par an,
A Gouy, tout' bonn' ménagère.

Quand, dins m'n ouvro(*), j'arai moins d' presse,
J' m'in irai d'un cœur réjoui,
Faire un p'tit tour jusqu'à Gouy
Pour vir, au vrai, *l' Mason d' Théresse.*

(*) Ouvroir, atelier.

MIMILE AU MUSÉE.

Air du Pana (4ᵉ volume).

(Noté. — N° 6.)

Aussi vrai que j' m'appell' Mimile,
Malgré qu' j'ai passé quarante ans,
J'ai visité l' biau musé' d' Lille,
Pou' l' premièr' fos, n'y-a point longtemps.
A ch't heur', ch'est eune aut' pair' de manches,
Ch'l indrot m'a tell'mint pri' au glu,
Qu' j'y pass' deux heur's tous les dimanches,
Pour mi rattraper l' temps perdu.

Ah! qu'on vot là des biaux tableaux ! ⎫
    Ah! qu'i sont biaux !   ⎬ Bis.
    Ah! qu'i sont biaux !   ⎭

D'abord, on vot tout près de l' porte,
Cheull' fameuss' Madam' Putiphar(*),
Qui r'tient Joseph, pou' n' point qu'i sorte ;
Mais li, veut s'in aller sans r' tard.

(*) *La Chasloté de Joseph*, de Lionello Spada.

In veyant les biaux yeux d' cheull' femme,
S' biell' tournure et s'n air amiteux,
Comm' malgré mi, j' di' in mi-même :
Ah ! qu' Joseph étot... vertueux !

Ah ! qu'on vot là des biaux tableaux !
  Ah ! qu'i sont biaux !
  Ah ! qu'i sont biaux !

On y vot l'hercul' des hercules,
Qu'on appélot Monsieur *Samson* (*);
Bélisaire (**), l' roi des avules,
Et l' grand jug' de paix *Salomon* (***).
Samson r'présinte eun' drôl' d'affaire :
N'aïant ni fontain' ni gob'let,
I trouv' moyen d' boire d' l'iau claire,
Avec eun' machoir' de baudet.

Ah ! qu'on vot là des biaux tableaux !
  Ah ! qu'i sont biaux !
  Ah ! qu'i sont biaux !

Un *p'tit mendiant* (****) faijant s' toilette,
Dins les coutures d' ses habits,
Cache après chin qu'on trouv' su' l' tiête
Des infants, quand i sont tout p'tits.

(*) *Samson*, par Alphonse Colas.
(**) *Bélisaire demandant l'aumône*, de David, Louis.
(***) *Le Jugement de Salomon*, de Jean-Baptiste Wicar.
(****) *Le Jeune Mendiant*, de Murillo, copie de Souchon.

J'ai biau m' dire qu' ch'est eun' peinture,
Et m' donner tout's sortes d' raisons,
Quand j' vos ch' portrait, je r'ssens, j' vous l'jure,
Su' tout l' corps des démaingeaisons.

Ah ! qu'on vot là des biaux tableaux !
    Ah ! qu'i sont biaux !
    Ah ! qu'i sont biaux !

Tout d' puis qu' l'homme existe, il indêve,
Pus souvint qu'i n' veut, contre l' sort.
Aussi l' père *Adam* et s' femme *Eve* (*),
Sont tristes d' vir leu garchon mort.
Pour des père et mèr', queull' secousse !...
Mais j'obli' d' dir' que ch' tableau-là,
Nous apprind qu' Eve étot fort rousse,
Mais point tant que m' sœur Célina.

Ah ! qu'on vot là des biaux tableaux !
    Ah ! qu'i sont biaux !
    Ah ! qu'i sont biaux !

Tout près d'eune espèce d' gloriette,
Tros gross's femm', à l'air païsan,
Eun' blonde, eun' chataine, eun' brunette,
Sont là dins l' vrai costum' d'Adam.

(*) *Adam et Ève trouvant Abel mort*, par Léon Bonnat.

Un jour que j' faijos des grimaces,
Veyant chés femm's trop sans façon,
Quéqu'un m'a dit : « *Ch'est les Tros Grâces* (*). »
— On n' peut disconv'nir qu'elles le sont.

Ah ! qu'on vot là des biaux tableaux !
    Ah ! qu'i sont biaux !
    Ah ! qu'i sont biaux !

Mais v'là l' *Tentation d' Saint-Antoine* (**).
Jugez, mes gins, si ch'est bien fait :
D'abord, un gros diable, à l'air coinne,
Est là, juant du flageolet ;
Un aut', sur un pichon qui vole,
Tient dins s' griffe éun' manche à ramon ;
Des aute', à l' mine incor pus drôle,
Du saint faitt'nt indêver l' cochon.

Ah ! qu'on vot là des biaux tableaux !
    Ah ! qu'i sont biaux !
    Ah ! qu'i sont biaux !

Tout près d'eun' vielle à vilain' mine,
Saint-Antoine a l'air tout chagrin.
Eun' dame (on crot qu' ch'est Proserpine),
Li présinte un bon verr' de vin.

(*) Attribué à Rubens.

(**) Par David Téniers, le jeune.

Ell' fait des moumours, des manières,
L' diable et sin train, pour mieux l' tenter,
Mais li, l' malin, dit ses prières,
Cha suffit pour li résister.

Ah ! qu'on vot là des biaux tableaux !
      Ah ! qu'i sont biaux !
      Ah ! qu'i sont biaux !

On vot, dins s' grandeur naturelle,
L' portrait du pèr' du *P'tit-Quinquin* (*)
Tachant d' faire eun' canchon nouvielle,
Car i busit, tient s' pleume à s' main...
M' rapp'lant s' canchon qui fait tant rire,
Su' ses *Portraits*. — Mis d' bielle humeur,
Je n' peux, tout haut, m'impêcher d' dire
Qu'on n' le prindra pus pour *l'Imp'reur* (**).

Ah ! qu'on vot là des biaux tableaux !
      Ah ! qu'i sont biaux !
      Ah ! qu'i sont biaux !

Après tout cha, vous povez m' croire,
Pour tous les vrais Lillos, l' pus biau,
Ch'est incor les tableaux d'histoire
Faits par les deux peintres Watteau.

(*) Par Henri Coroenne, de Valenciennes, qui l'a exposé au salon de 1883, et en a fait don, ensuite, à la ville de Lille.

(**) Allusion au 6° couplet de la chanson intitulée : « Mes Portraits » (4° volume).

De *l' Procession* (*), chaq' confrérie,
M' donne à réfléchir un moumint ;
J' ris d' bon cœur in veyant *l' Brad'rie* (**) ;
Je m' ringorge au *Bombardemint* (***).

Ah ! qu'on vot là des biaux tableaux ! ⎫
      Ah ! qu'i sont biaux !   ⎬ Bis.
      Ah ! qu'i sont biaux !   ⎭

(*) *La Procession de Lille en 1780*, par François Watteau.

(**) *La Braderie*, du même.

(***) *Le Siège de Lille en 1792*, par Louis Watteau.

RITIN L' TAPIN.

Air de l'auteur.

(Noté. — N° 7.)

Min grand-père étot tambour-maîte,
 Et min père étot tambour.
Tant qu'à mi, sur eun' quartelette,
 Infant, j' m'exerços chaq' jour
A batte : aux champs, la charg', la r'traite...
 Si bien qu' de m' vir si malin,
Mes voisins, les gins de l' Plachette,
 M'ont donné l' nom-j'té d' Tapin.

  V'là l'histoire,
  Facile à croire,
  Du p'tit Ritin,
  L' Tapin !   Bis.

Balin, Lacave et La Boutelle,
 Chés tros tambours si fameux,
Qu'on cite incor comme eun' mervelle,
 (Chacun d'euss' faijot l' bruit d' deux),

Sont v'nus juger min savoir-faire,
    Quoiq' trannant, j'ai réussi...
Quand chés gins m'ont r'connu confrère,
    J'ai cru morir de plaisi.

   V'là l'histoire,
   Facile à croire,
   Du p'tit Ritin,
    L' Tapin !

Comm' tambour dins l' Gard'-Nationale,
    J'intre et me v'là tout heureux,
Car, à chaq' service, on m' régale,
    A boire, à mainger, rien d' mieux.
Un tour de garde est eun' bonn' veine,
    Qui rapporte jolimint ;
Aussi, d' l'armée, un capitaine
    N' gaingnot point, tant qu'mi, d'argint.

   V'là l'histoire,
   Facile à croire,
   Du p'tit Ritin,
    L' Tapin !

Hélas ! un jour, queull' triste affaire !
    Pus d' Gard'-National', me v'là
Su' l' pavé, sans savoir quoi faire.
    Qui povot s'attinde à cha ?

A ch'l occasion-là, j'ai vu rire
   Des gins pindant pus d' huit jours,
Mais j' cros que j' n'ai point b'soin d'vous dire
   Que ch' n'étot point des tambours.

> V'là l'histoire,
> Facile à croire,
> Du p'tit Ritin,
> L' Tapin !

Aussitôt cheull' triste avinture,
   De m'vir ainsi dins l'arlat (*),
Garchon, j'aros couru, j' vous l' jure,
   M'ingager pour êt' soldat ;
Mais, marié, avec des mioches,
   N'y-avot point moyen d' bouger...
Faut' de mieux, j' m'ai mis marchand d'oches,
   Pou n'n avoir un à ronger.

> V'là l'histoire,
> Facile à croire,
> Du p'tit Ritin,
> L' Tapin !

J' n'ai point laiché là mes baguettes,
   J' m'in sers souvint, Dieu merci,
Dins des confréri's d'arbalètes,
   Et d' tireu' à l'arc aussi ;

(*) Dans la gêne, dans l'embarras.

Tambour battant quand j' les trincbale,
　In parti'-bleusse, in combats (*),
Je m' rappelle l' Gard'-Nationale...
　Ch'est l' mêm' chic d'aller au pas.

　　　V'là l'histoire,
　　　Facile à croire,
　　　Du p'tit Ritin,
　　　　L' Tapin !

Chaque ainnée aussi j'ai d' l'ouvrache,
　Et min tambour roule incor,
Pour conduir', gaimint, d' leu villache,
　Des jeun's garchons tirer l' sort.
Malgré mes quarante ans su' m' tiête,
　Malgré mes ch'veux poivre et sé,
Un grand liméro su' m' casquette,
　Pour un conscrit m' fait passer.

　　　V'là l'histoire,
　　　Facile à croire,
　　　Du p'tit Ritin,
　　　　L' Tapin !

(*) *Combat et partie-bleusse.* Le *Combat* est une partie d'honneur engagée, après défi, entre deux sociétés d'arc, d'arbalète, de boule, etc. — La *partie-bleusse* est aussi une sorte de combat qui a lieu entre les membres les plus adroits des deux confréries ou sociétés. Mais ici les combattants agissent individuellement et, par suite, quelle que soit l'issue de la lutte, *l'honneur* de la compagnie n'est nullement compromis.

Au carneval, j'ai pour pratique
   Eun' société d' bons lurons,
Qui n' connot que m' caiss' pour musique,
   Quand elle veut vind' des canchons.
Avec min déguis'mint d' tartare,
   De m' vir prop' comme un lapin,
J' n'ai point b'soin d'vous dir' si je m' carre....
   Le roi n'est pus min cousin !

V'là l'histoire,
Facile à croire,
Du p'tit Ritin,
L' Tapin.
} Bis.

LES GRILLADES.

PASQUILLE.

A mon ami HAVREZ.

Un homme aimot fort les grillades,
Ch'étot, pour li, l' pus bonn' des régalades.
 Il in d'mande eun' fos pour souper...
« Conv'nu », dit s' femm', sans pinser d' l'attraper,
Comme elle l'a fait, pus tard, par circonstance,
 On porrot mêm' dir' par vengeance,
 Ainsi qu' min récit l'l' apprindra.

Ch'étot l' matin, l'homme à s' boutiqu' s'in va.
 Par malheur, i rincontre in route,
 Un ami qui li paie eun' goutte.
 Li, point pingre, in paie eune aussi
Et veut partir... Mais l'aut', vrai sans-souci,
 Et bien connu comme amusette,
 Fait si bien, qu'i li tourne l'tiête,
 Et qu'i pass't'nt à boir', tour à tour,
Des goutt's, de l' bière et du café, tout l' jour,
 Au point qu'i s' sont rindus malades...

A l'heur' qu'on cuijot les grillades,
L'homm' rabroutte, infin, à s' mason,
 aijant des zigzags.... sans raison,
Sans l'einvi' d' mainger... au contraire...
L' femm' n'avot pus qu'eun' cosse (*) à faire :
L' déshabiller et l' mette au lit...
Ch'est chin qu'ell' fait... Mais d' colère et d' dépit,
 Qu'i li donnot tant d' tablature,
 Ell' li frotte l' bas de s' figure,
 D'action, avec eun' couënn' de lard,
 In l' traitant pus d' vingt fos d' soûlard,
Et mainge, après, tous les grillad's...

       V'là qu' l'homme,
Bien r'mis, l' lind'main (I n'avot fait qu'un somme),
 Sitôt l'vé, cope (**) un croûton d' pain,
 Et di' à s' femm' : « Cristi, qu' j'ai faim !
 J'in peux pus, je m' sins v'nir malade ;
 Donn' vit', donn' bien vite m' grillade !!!
 « Quoi, t' grillad', dit l' femm', mais, maflant !
 T' l'as maingée, hier, in rintrant.
 Te vos, fieu ! v'là chin qu' ch'est d' trop boire.
 Cha t'a fait perde tout l' mémoire.
 Pourlèque un peu tes lèv's, qu'ell' dit,
Et vette au miro, comme t' barbe r'luit !...

(*) Chose.

(**) Coupe.

I se r'vette, i s' pourlèque et vot que s' barbe est grasse.
Alors, honteux, i dit d'un air cocasse :
« Ch'est l' pur' vérité !... J' le r' connos...
Cré mâtin !... queull' cuit' (*) que j'avos ! ! ! »

(*) Cuite est ici employé dans le sens de *plumet*, autre mot populaire d'un usage général.

LA RETRAITE EN MUSIQUE.

Air de l'auteur.

(Noté. — N° 8.)

Eun' réjouissance à peu d' frais,
 Ch'est la R'traite in musique ;
On y pass' des moumints bien gais,
 Aussi j' n'y manq' jamais.
  Richards, marchands,
  Vieillards, infants,
 Brav's ouveriers d' fabrique,
Soldats, servante' et p'tits commis,
 S'y trouv'tent réunis.
 J' m'in vas tacher d' vous faire,
 L' tableau vrai de ch'l affaire,
Après, si j'ai réussi,
Gaîmint vous répèt'rez comm' mi :

 Vraimint la R'traite in musique,
  Ch'est comique.
 Pour avoir du plaisi,
  Allons-y !

Ch'est à huit heur's qu'on dot qu'mincher,
　　　I n'est qu' siept heure' et demie.
Déjà vous veyez s'approcher,
　　　Et tout douch'mint s' placher,
　　　　　Pour intind' mieux,
　　　　　Des jeun's, des vieux...
　　　Mais, v'là l' plach' bien garnie !
Les musiciens sont arrivés,
　　　Et su' l' grand' gard' montés.
　　　Chaq' musicien s'apprête,
　　　Les yeux fixés su' l' maîte,
Qui, tout d'abord, donne l' ton
Et marque l' mesur' sans baton.

　　Vraimint la R'traite in musique,
　　　　Ch'est comique.
　　　Pour avoir du plaisi,
　　　　　Allons-y !

Au premier cop d' gross'-caisse, on vot
　　　S' réjouir chaq' figure...
Heureux d' fair' vir qu'i s'y connot,
　　　Pus d'un, qui bavardot,
　　　　Acoute... et puis
　　　　　Donne s'n avis ;
　　　Avé s' tiêt' bat l' mesure...
Un aut' qui s' vant' d'avoir du gout,
　　　S' permet d' critiquer tout.

Mais l' critique est facile...
Comme on rit de ch' basile !
Sitôt qu'on intind qu'il a
Pri' eun' valse pour eun' polka !

Vraimint la R'traite in musique,
Ch'est comique.
Pour avoir du plaisi,
Allons-y !

On continu' par eun' polka,
Eune ouverture ancienne,
Un pot-pourri, eun' mazurka,
Eun' biell' varsovienna.
On jue après
Des pas r'doublés,
Eun' joyeuss' tyrolienne,
Un grand galop, un p'tit duo,
Infin, un boléro.
Pou' l' bouquet, un quadrille
Fait su' des airs de Lille...
D'un vrai plaisi l' cœur bondit,
On cante avec, on applaudit ! ! !

Vraimint la R'traite in musique,
Ch'est comique
Pour avoir du plaisi,
Allons-y !

L'heur' sonn'! ch'est au tambour-major,
  A ch't heure à juer sin rôle.
On vot ch'l homm' tout galonné d'or,
  Aussi rar' qu'un ténor,
    Avec sin bâton,
    (Un gros jonc
  Qui rimplache l' parole),
Aussitôt donner l' command'mint
    D'un superbe roul'mint;
    Des clairons d'infant'rie,
    Trompettes d' caval'rie,
  S' faitt'nt intind' chacun leu tour,
Mais l' dernier mot reste au tambour.

  Vraimint la R'traite in musique,
      Ch'est comique.
    Pour avoir du plaisi,
      Allons-y!

  Tambours battant, musiq' juant,
    On s' met bien vite in route,
  A la badin', par vingt, s' tenant,
    Parlant, criant, cantant.
      On est pressé,
      On est poussé,
    Infin, ch'est eun' déroute,
  Heureux quand on est d' là, sorti,
      Sans meimbre démoli.

On arrive à l' caserne...
Pus d'un cour' à l' taverne,
Les aut's, gais comm' des pinchons,
S'in r'tourn'nt in cantant des canchons.

Vraimint la R'traite in musique,
    Ch'est comique.
Pour avoir du plaisi,
    Allons-y !

Queu drôl' d'effet que l' musiq' fait !
    Elle donne à l'un l' tristesse,
A l'aute, elle donn'ra de l' gaité,
    De l' sinsibilité.
    Par elle, un garchon
        Bon luron,
    Sint qu'il a de l' tendresse
Pour eun' fill' qui, ni l' jour, ni l' nuit,
    A sin cœur n'a rien dit.
    On dit qu' pus d'eun' fillette,
        Arrivan' à la r'traite,
Joyeusse et tout sautillant,
Rintre à s' mason in soupirant.

Vraimint la R'traite in musique,
    Ch'est comique.
Pour avoir du plaisi,
    Allons-y !

GAYANT.

Air national de Douai (*).

(Noté. — N° 9.)

HOMMAGE AUX ENFANTS DE GAYANT

Je m' rappelle qu' dins min jeune ache,
J'avos pour compagnon fort gai,
Un garchon in apprintissache
A Lill', quoiqu'il étot d' Douai.

(*) Cet air a été, dit-on, composé en 1775, par le sieur *Lajoie* (un nom prédestiné), grenadier et maître de danse au régiment de Navarre ou d'Auvergne. Primitivement, il n'avait point de refrain et se composait uniquement de douze mesures (six vers). Nous croyons que c'est en 1801, époque à laquelle « *on a rajeuni chell' vieill' canchon* », comme dit M. Dechristé dans ses *Souv'nirs d'un homme d' Douai*, qu'on y ajouta le refrain maintenant si connu de :
    Turlututu Gayant........
    Turlututu Gayant pointu.
On y introduisit aussi, nous ne savons à quelle époque, une ritournelle en majeur et à six-huit. Elle est devenue tellement populaire qu'elle fait, pour ainsi dire, partie de l'air lui-même. On la trouve dans la plupart des morceaux arrangés sur ce thème, notamment dans le quadrille de M. Charles Choulet, intitulé : *La Famille Gayant*.

Nous avons donc cru devoir composer notre refrain sur les deux ritournelles ci-dessus citées. Enfin, pour donner plus de développement à nos couplets, ainsi qu'une rime à la syllabe muette qui termine le premier vers, nous avons doublé les quatre premières mesures. Cette modification n'altère, d'ailleurs, en rien le caractère de l'air désormais célèbre de *Gayant*.

Heureux, comm' chés bons vieux soldats
Rapp'lant leus victoir's, leus combats,
I parlot souvint d' sin pays,
De s' biell' fiête et dijot toudis :

« Ah! mes amis, qu' ch'est eun' biell' fiête!
Qui n'a point vu cha, n'a rien vu.
Pou' s' divertir au bal, à l' guinguette,
   Turlututu!
 N'y-a point d'temps perdu. »

V'là comme i racontot s'n affaire :
« On fait cheull' fiête eun' fos par an.
Quoiqu'ell' dure eun' semaine intière,
Elle est trop courte incor, pourtant.
Croyez qu' ch'est l'opinion, mes gins,
Des tros quarts des bons Douaisiens...
Ah! tant qu'à mi, je n'vodros l' vir
Jamais qu'mincher, jamais finir. »

« Ah! mes amis, qu' ch'est eun' biell' fiête
Qui n'a point vu cha, n'a rien vu.
Pou' s' divertir au bal, à l' guinguette,
   Turlututu!
 N'y-a point d' temps perdu. »

« Vous counaichez sûr'mint l' famille
D' no' grand'-pèr', qu'on appell' *Gayant*?
Tros jours on l' pourmèn' dins tout l' ville,
Tambour battant, l' père in avant ;

A côté d' li, s' femm' *Cagenon*
Et s' mam'zell' qu'on appell' *Fillion*,
Sin fieu *Jacquot* et *tiot Binbin*,
Avec un p'tit molin dins s' main. »

« Ah ! mes amis, qu' ch'est eun' biell' fiête !
Qui n'a point vu cha, n'a rien vu.
Pou' s' divertir au bal, à l' guinguette,
    Turlututu !
  N'y-a point d' temps perdu. »

« A *tiot Binbin* faut que j' m' arrête.
Su' sin compte j' n'ai point fini,
Car vous vodrez savoir, peut-ête,
Pourquoi qu'on l' l'appell' *Tiot-Tourni*.
V'là les motifs qu'on m'a donnés :
Ch'est qu'il a les yeux mal tournés...
Pour cheull' raison, ch' petit nounou,
A Lille, arot l' nom j'té d'berlou. »

« Ah ! mes amis, qu' ch'est eun' biell' fiête !
Qui n'a point vu cha n'a rien vu.
Pou' s' divertir au bal, à l' guinguette,
    Turlututu !
  N'y-a point d'temps perdu. »

« Quand on vot sortir du musée,
Cheull' famille in costume brillant,
On tir' les cloque' à l' grand' volée,
L' carillon ju' *l'air de Gayant*.

Air connu, vrai, comme j' vous l' dis,
Des musiciens d' tous les pays,
Et qui donne à nos gins d'Douai,
In toute occasion, l' cœur bien gai. »

« Ah ! mes amis, qu' ch'est eun' biell' fiête !
Qui n'a point vu cha, n'a rien vu.
Pou' s' divertir au bal, à l' guinguette,
   Turlututu !
 N'y-a point d'temps perdu. »

« Et d' puis l' matin jusqu'à la brune,
Avecque *l'sot des calonniers*, (*)
In mêm' temps que l' biell' *Reue d' Fortune*, (**)
Gayant pass' dins tous les quartiers.
Pour admirer ch' roi des géants,
Chacun ouvre ses yeux tout grands.
Li, ses infants et *Cagenon*,
Point fiers, dans'nt un biau rigodon. »

« Ah ! mes amis, qu' ch'est eun' biell' fiête !
Qui n'a point vu cha, n'a rien vu.
Pou' s' divertir au bal, à l' guinguette,
   Turlututu !
 N'y-a point d' temps perdu. »

(*) *Le Sot des Canonniers* remplit dans le *Cortége de Gayant* le rôle que jouait autrefois à Lille, dans les fêtes publiques, le *Sot de la ville*.

(**) Le personnage étant douaisien, nous écrivons ces mots : *Reue d' Fortune*, tels que nous les trouvons orthographiés dans les « *Souv'nirs d'un homme d' Douai*. » En patois lillois, ce vers devrait être construit comme suit :
  Ainsi que l' biell' *Reulle d' Fortune*.

» A ch' moumint-là, n'y-a pus d' gins chiches
Queull' bonne affair' pour les marchands !
Car un chacun, pauvres comm' riches,
Veut s' donner quéq's jours de bon temps.
On s' régal' tertous d' bons morciaux,
Sur chaq' table on vot des gâtiaux.
On consomme assez d' bière et d'vin
Pour faire tourner pus d'un molin. »

« Ah ! mes amis, qu' ch'est eun' biell' fiête !
Qui n'a point vu cha, n'a rien vu.
Pou' s' divertir au bal, à l' guinguette,
   Turlututu !
 N'y-a point d' temps perdu. »

Ah ! l' gai compagnon de m' jeunesse
In dijot, là-d'sus, bien pus long.
Chacun d' nous l' l'acoutot sans cesse,
Tell'mint qu'il y mettot d' l'action.
J'ai vu, mi-même, d'puis longtemps,
Cheull' fiête, in vrai Roger-Bontemps ;
Ell' m'a donné tant d'agrémint,
Qu' pour min compte j' dis bien souvint :

Ah ! mes amis, qu' ch'est eun' biell' fiête !
Qui n'a point vu cha n'a rien vu.
Pou' s' divertir au bal, à l' guinguette,
   Turlututu !
 N'y-a point d' temps perdu.

HERCULE BRISANT SA LYRE.(*)

PASQUILLE.

On a parlé d' l'Hercul' du Nord
Avec raison, comm' d'un homm' fort.
Hélas ! tout près d' l'hercule antique,
Il arot passé pour étique.

Hercule, un drôl' de paroissien,
Avot l'invi' d'êt' musicien.
Il a donc pris des l'çons d'un maîte,
Bien r'nommé, méritant bien d' l'ête,
Et qu'on appélot, j' cros, Linus.
Malheureus'mint, ch'l olibrius,
Avot, paraît-i, l' tiêt' fort dure.
I n'intindot rien à l' mesure,
I n' compernot point les effets
Des syncop's, ni des triolets,
Ni des croch's, ni des doubles-croches ;
I faijot brioch' sur brioches.

(*) Statue en plâtre de notre concitoyen M. Jules Printemps — Exposition de Lille, — 1881.

Si bien qu'eun' fos, sin maît' l'a r'pris,
Suivant sin d'voir. Mais l'aut', surpris
D'eun' telle audace, intre in colère,
Comm' ch'étot dins sin caractère,
Pousse un formidable jur'mint,
Attrape in mêm' temps s'n instrumint,
Et, d'un seul cop, raplatit l' tiête
Du pauv' Linus, comme eun' galette.

Cheull' scène est rindue on n' peut mieux.
Hercule a vraimint l'air furieux.
Veyant d' queull' manière i tient s' lyre,
(On n'a point du tout b'soin de l'dire)
On comprind bien qu'i fracass'ra
N'import' queu séquoi qu'i tap'ra.

HUE DADA!(*)

Air de l'auteur (**).

(Noté. — N° 10.)

Mais quoich' que t'as donc, Mad'leine,
A braire ainsi, p'tit chouchou ?
Allons viens ! pour passer t' peine,
Faire à dada su' min g'nou (***).
Su' ch' temps-là, bonn' petit' mère,
(Comm' nous allons l' l'attraper) !
Indormira tin p'tit frère,
Et porra faire à souper.

(*) MM. les chanteurs voudront bien remarquer que ces couplets doivent, autant que possible, être dits par une personne assise et munie d'une poupée (Mad'leine) qu'il s'agit de faire aller à dada sur un genou à chaque refrain.

(**) Cette formule ne s'applique qu'au couplet. L'air du refrain existe probablement depuis plusieurs siècles et la plupart de nos lecteurs l'ont certainement déjà chanté ou entendu chanter, soit avec les paroles que nous adoptons, soit avec d'autres ayant le même sens.

(***) Il est bien entendu que, malgré l'élision, le g conserve le son qu'il a dans le mot genou ; qu'il y a lieu, par conséquent, de prononcer : j'nou. Cette observation s'applique à tous les cas de même nature.

Hu' dada ! hu' dada !
Su' l' petit q'va d' sin papa.
Il a tant maingé d'aveine (*),
Qu'il a tout perdu s'n haleine...
Hu'! hu'! hu'! hu'! dada !!!

Surtout, n'aïons point d' colère,
Et n' donnons pus tant d' tracas.
Faijons bien vite, à pépère,
Eun' biell' babache à grands bras.
Sans cha, Monsieur Croq'-Mitaine,
Qui n' rit qu' tout juste, arriv'ra,
Et si s' prijon n'est point pleine,
Bien vite y t'y rinserr'ra.

Hu' dada ! hu' dada !
Su' l' petit q'va d' sin papa.
Il a tant maingé d'aveine,
Qu'il a tout perdu s'n haleine...
Hu'! hu'! hu'! hu'! dada !!!

Au contrair', si t'es bien sache,
A deux, dimanch', nous irons
Acater eun' bielle imache...
Dins pus d' chint nous queusirons.

(*) Le mot *aveine* pour *avoine* est encore généralement employé par nos villageois. A Lille, la prononciation de ce mot, n'est ni *avoine*, ni *aveine* : elle tient des deux sons combinés. Nous écrivons *aveine* pour conserver au vieux refrain de *hu' dada !* son caractère primitif.

T' aras l' drot d' prinde l' pus bielle :
Malbrouck, *Monsieur Dumolet*,
Barbe-Bleuss', *Cadet-Rousselle ;*
Mêm' *L'histoir' du P'tit-Poucet.*

   Hu' dada ! hu' dada !
Su' l' petit q'va d' sin papa.
Il a tant maingé d'aveine,
Qu'il a tout perdu s'n haleine...
   Hu'! hu'! hu'! hu'! dada !!!

Et même aussi, te peux croire,
Min p'tit quin, min p'tit nounou,
Qu'on n'attindra point la Foire,
Pou' t' donner eun' biell' catou.
Cheull' catou n' sara point dire,
Bien sûr, *papa* ni *manman ;*
Ell' n'ara point s' tiête in chire....
Bah ! te l' l'aim'ras tout autant.

   Hu' dada ! hu' dada !
Su' l' petit q'va d' sin papa.
Il a tant maingé d'aveine,
Qu'il a tout perdu s'n haleine....
   Hu'! hu'! hu'! hu'! dada !!!!

Cheull' catou s'ra biell', Mad'leine,
Quand elle ara les habits,
Qu'avec des fouffes, t' marraine
Li f'ra, comme ell' l'a promis.

Mi, j' te donn'rai, sos in sûre,
Un p'tit cado (*), pou' l' l'assir,
Pou' l' fair' marcher, eun' cheinture (**),
Eun' berche (***) pou' l' l'indormir.

Hu' dada ! hu' dada !
Su' l' petit q'va d' sin papa.
Il a tant maingé d'aveine,
Qu'il a tout perdu s'n haleine...
Hu'! hu'! hu'! hu'! dada !!!

Espérons qu'à sin passache
Dins no' vill', Saint-Nicolas
T' f'ra présint d'un p'tit ménache
Aïant d' tout, comm' te l' verras :
Des verr's, des tass's, des assiettes,
Des fourchette', un p'tit charlet,
Des p'tits coutiaux, des serviettes,
Avec des *ronds*, s'i vous plaît.

Hu' dada ! hu' dada !
Su' l'petit q'va d'sin papa.
Il a tant maingé d'aveine,
Qu'il a tout perdu s'n haleine...
Hu'! hu'! hu'! hu'! dada !!!

(*) Petite chaise à bras.
(**) Ceinture à bretelles.
(***) Berceau.

Mais l' petit dada d' pépère
Est lasse, i veut s'arrêter.
Incore pus d'eun' fos, j'espère,
I vodra bien t' fair' sauter.
Pour à ch't heur', min p'tit mioche,
Nous allons boir' du lolo,
Gra' Mère à poussière (*) approche...
Il est temps d'aller dodo.

 Hu' dada ! hu' dada !
Su' l' petit q'va d'sin papa.
Il a tant maingé d'aveine,
Qu'il a tout perdu s'n haleine....
 Hu'! hu'! hu'! hu'! dada !!!!

(*) Personnage imaginaire de la famille de *Croque-Mitaine* et dont la mission est censée d'endormir les enfants en leur jetant de la poussière aux yeux.

HOMMAGE AUX ENFANTS DE MARTIN

Couplets chantés à Cambrai par l'auteur, dans un concert
donné par la société L'Union Chorale de cette ville.

Air de la ronde populaire de Martin et Martine,
par Eugène Bouly, de Cambrai.

(Noté. — N° 11.)

J'ai d' l'amitié pour les garchons d' Martin,
J'ai d' l'amitié pour les filles d' Martine,
  Tin, tin, tin, tin !
  Tine, tine, tine !
J'ai d' l'amitié pour chés infants d' Martin.

 Un biau jour, un homme a v'nu m' dire :
 « A Cambrai vous ête' attindu ».
 Quoique j' n'avos point l' cœur à rire,
 Tout aussitôt j'ai répondu :

J'ai d' l'amitié pour les garchons d' Martin,
J'ai d' l'amitié pour les filles d' Martine,
  Tin, tin, tin, tin !
  Tine, tine, tine !
J'ai d' l'amitié pour chés infants d'Martin.

Aussi sans m' fair' tirer l'orelle,
L'moumint v'nu, j' m'imbarque in wagon,
Joyeux comme eun' gai' ritournelle,
Qu'à l' ducasse on ju' su' l'violon,

Pour aller r'vir chés bons garchons d' Martin,
Pour aller r'vir chés biell's filles d' Martine,
    Tin, tin, tin, tin !
    Tine, tine, tine !
Pour aller r'vir tous chés infants d' Martin.

Et me v'là, j'arrive au pus vite,
Comme un pinchon, prêt à canter.
Heureux si vous trouvez trop p'tite,
L' canchon que j' viens vous apporter.

J'ai de l' gaîté pour chés garchons d' Martin,
J'ai de l' gaîté pour chés filles d' Martine,
    Tin, tin, tin, tin !
    Tine, tine, tine !
J'ai de l' gaîté pour chés infants d' Martin.

J' vous dirai *Mimi l'Cabar'tière*,
Les Grands-Père' et *l'Cousin Myrtil*.
Cha m' f'ra plaisi, dins cheull' dernière,
Si j' vous intinds dir' : « *Qu'il a l' fil !* » (*)

―――――――――

(*) Allusion à ce refrain de la chanson de *Myrtil* ou *Le Poisson d'Avril* :

    « Qu'il a l' fil,
    Min cousin Myrtil,
  Pour nous fair' mainger du Pichon d'avril »

Pour réjouir chés bons garchons d' Martin ;
Pour réjouir chés biell' filles d' Martine,
  Tin, tin, tin, tin !
  Tine, tine, tine !
Pour réjouir tous chés infants d' Martin.

J' vous racont'rai pus d'eune histoire,
J' rappell'rai pus d'un vieux souv'nir,
Et si je r'dis *l' Canchon-Dormoire*,
J' tach'rai de n' point vous indormir.

J'ai chint couplets pour chés garchons d' Martin,
J'ai chint couplets pour chés filles d' Martine,
  Tin, tin, tin, tin !
  Tine, tine, tine !
Deux chints couplets pour chés infants d' Martin.

On a dit qu' su' vos père et mère,
Les Martins d' l'horloge d' Cambrai,
J'ai des couplets... (*) Non, j' vas les faire,
Et j' les cant'rai quand je r'viendrai,

(*) M. A. Durieux, l'un des auteurs du livre si intéressant des « *Chants et Chansons populaires du Cambrésis*, » avait écrit ce qui suit dans *L'Industriel*, en annonçant la participation de l'auteur audit concert : « Je crois être l'interprète de tous les vrais Cambrésiens en « priant M. Desrousseaux de saisir l'à-propos qui lui est offert de « célébrer, au milieu de leurs enfants, *Martin et Martine*, qui, me dit-« on, ont exercé la verve du chansonnier du Nord. »

Certain qu'alors les bons garchons d' Martin,
Certain qu'alors les bonn's filles d' Martine,
  Tin, tin, tin, tin !
  Tine, tine, tine !
Applaudiron' et répèt'ront le r'frain.

Mais, je l'sins, il est temps qu' j'arrête,
A vous parler d' mi, j' vous tiens là,
Et min jargon déplaît..., peut-ête !...
Ah ! surtout, ne m' dit's jamais cha,

Et j' conserv'rai pour chés garchons d' Martin,
Et j' conserv'rai pour chés filles d' Martine,
  Tin, tin, tin, tin !
  Tine, tine, tine !
Dins min souv'nir et min cœur, un p'tit coin.

MARTIN ET MARTINE

LÉGENDE CAMBRÉSIENNE.

Air de Petit-Price et Marianne Tambour (3ᵉ vol.)

(Noté. — N° 12.)

A M. Achille DURIEUX, Archiviste de la ville de Cambrai.

Dins pus d'un vieux live, on raconte
L'histoir' de Martine et d' Martin.
Un auteur prétind qu' ch'est un conte,
L'aute affirme qu' ch'est bien certain.
Croyant, comme on dit dins m' province,
Qu'i n'y-a jamais d' feumé' sans fu,
J' vous dirai là-d'sus chin que j' pinse :
J' y cros tout comm' si j'avos vu.

    V'là, vous povez m' croire,
    Rien n'est pu certain,
    L' véritable histoire
    D' Martine et d' Martin.

Cambrai, bielle et bonn' vill' qu'on r' nomme,
Au biau temps d' l'Imp'reur Charles-Quint,
Avot pour prijonnier, un homme
Tout noir, un guerrier africain.
A l' même époqu' vivot Martine,
Fill' d'un grand seigneur du pays.
N'y-avot point s' parell' pou' l' biell' mine
Et l' bon cœur, dins tout l' Cambrésis.

   V'là, vous povez m' croire,
   Rien n'est pus certain,
   L' véritable histoire
   D' Martine et d' Martin.

L'africain s' rappélot s' famille,
Sin biau pays et s' liberté.
Aussi, quand i parcourot l' ville,
I n'avot point l'air in gaîté.
Mais l' monde, hélas ! que rien n'arrête,
Sans s'attendrir su' sin chagrin,
Dijot : « Ch'est un ours !... » Tiens ! peut-ête,
Ch'est pour cha qu'on l' l'appell' Martin.

   V'là, vous povez m' croire,
   Rien n'est pus certain,
   L' véritable histoire
   D' Martine et d' Martin

L' maurien a rincontré Martine,
Et, pour ell', sin cœur a battu.
Ell', bien lon d' li fair' méchant' mine,
Vite, à s'n amour a répondu.
Si riche et si biell'! cha fait rire,
Car ell' povot queusir ailleurs...
On n' disput' point, ch'est l' cas de l' dire,
Sur les goûts, ni sur les couleurs.

  V'là, vous povez m' croire,
  Rien n'est pus certain,
  L' véritable histoire
  D' Martine et d' Martin.

Quand on a su qu' cheull' biell' chrétienne
Avot d' l'amour pour un payen,
Pus d'eun' méchant' gin a dit l' sienne :
« I faut punir, cha l' mérit' bien. »
Au crim' désirant m'surer l' peine,
Tous les juges d' l'Inquisition
Ont ruminé toute eun' semaine,
Pour trouver eun' rud' punition.

  V'là, vous povez m' croire,
  Rien n'est pus certain,
  L' véritable histoire,
  D' Martine et d' Martin.

On a tout noirchi cheull' brav' fille,
Et condaimné chés pauv's humains,
A s' tenir su' l'Hôtel-de-Ville,
Avec des martiaux dins leus mains,
Pour taper l'heur' sur eun' cloquette
Chaq' nuit, chaq' jour, sans décesser.
Queull' cruauté!... Les jours de fiête,
Mi, j' leu-z-aros dit d' se r'poser.

  V'là, vous povez m' croire,
  Rien n'est pus certain,
  L' véritable histoire
  D' Martine et d' Martin.

Heureus'mint qu'un savant, (queull' veine!
Et grand mécanicien, mieux qu' cha,
Un jour, pernant pitié d' leu peine,
A dit : « J' m'in vas les tirer d' là. »
Il a fabriqué deux postures,
Portraits crachés d' nos amoureux,
Tant pou' l' maintien, qu' pour les figures,
Et tapant l'heure on n' peut point mieux.

  V'là, vous povez m' croire,
  Rien n'est pus certain,
  L' véritable histoire,
  D' Martine et d' Martin.

Si bien qu'eun' nuit, les deux esclaves
Sont vit' partis !... Leus rimplachants,
Qu'on vot d' nos jours, si biaux, si braves
Dins leus costum's, sont si r'semblants,
Qu'i s'a passé près d'eun' semaine,
Sans qu'on s' dout' de ch' tour à Cambrai,
Uch' qu'on a ri, je l' cros sans peine,
Quand on a su qu'il étot vrai.

  V'là, vous povez m' croire,
  Rien n'est pus certain.
  L' véritable histoire
  D' Martine et d' Martin.

Pou' s' réjouir d'eun' telle affaire,
Un grand fu d' joie on a brûlé. (*)
Comme à l' ducass', dins l' ville intière,
Pauv' comm' richard, s'a régalé.
Et d'puis pus d' tros chints ans qu' cha dure,
Des bons Camberlots (**), l' pur amour,
Pour l'eune aussi bien qu' l'aut' posture,
N'a fait qu'augminter d' jour in jour.

  V'là, vous povez m' croire,
  Rien n'est pus certain,
  L' véritable histoire
  D' Martine et d' Martin.

(*) Quand les *Martins* furent faits, on brûla un feu de joie. — *Les Martins de l'horloge de Cambrai*, par A. Durieux.

(**) Gentilé des habitants de Cambrai.

LES CHANSONS DU CARNAVAL.

Air de : Un homme né coiffé (8ᵉ volume).

(Noté. — N° 13.)

I s' fait dins l' bonn' vill" de Lille,
Ch'aq' jour tant d' couplets si biaux,
Qu'il est fièr'mint difficile
D' trouver des sujets nouviaux.
Pour aujord'hui j'ai m'n affaire :
Les Canchons du Carneval,
Vont prouver que l' caractère
Des gins d' Lille est fort jovial.

Les canchons du Carneval,
    On peut l' dire,
    Cha fait rire :
Les canchons du Carneval,
Pour mi, ch'est un vrai régal.

Ch'est des ouveriers d' fabrique,
Des francs, des joyeux chochons,
Trouvant, sur tout, l' point comique,
Qui compos'tent chés canchons.
Pus d'eun' fos, j'ai laiché dire
Qu'il arrive assez souvint,
Que l' *poète* n' sait point lire...
Cha n'impêch' point l' sintimint.

Les canchons du Carneval,
    On peut l' dire,
      Cha fait rire ;
Les canchons du Carneval,
Pour mi, ch'est un vrai régal.

Souvint l'auteur dit s'n histoire :
I nous parle tour à tour,
S'il est vieux soldat, de l' gloire,
Et s'il est jeune, d' l'amour ;
S'il est marié, d' sin ménache,
Et si s' femme a quéq' défaut,
N'allez point croir' qu'i l' ménache :
I li r'proche et comme i faut.

Les canchons du Carneval,
    On peut l' dire,
      Cha fait rire ;
Les canchons du Carneval,
Pour mi, ch'est un vrai régal.

S'il arrive eun' mod' nouvielle,
Dins les coutume', un cang'mint,
L'annonce, au ciel, d'eun' mervelle,
Eun' gloir' pou' l' gouvernemint,
Un grand malheur, eun' biell' fiête,
Des guerr's, des révolutions,
Eun' femm'-qui s' brûle à s' vaclette...
Tout cha s'trouv' dins chés canchons

Les canchons du Carneval,
    On peut l' dire,
    Cha fait rire ;
Les canchons du Carneval,
Pour mi, ch'est un vrai régal.

On y fait, ch'est l' pus cocasse,
Les portraits des gins curieux :
Du malin, comm' du bonnasse,
Du lusot, du manoqueux ;
Du p'tit rintier à tarteinnes,
Du pana, du ru-tout-ju,
Des camanett's, des cath'laines,
Du graingnard et du nunu.

Les canchons du Carneval,
    On peut l' dire,
    Cha fait rire ;
Les canchons du Carnaval,
Pour mi, ch'est un vrai régal.

On y dépeint nos biell's fiêtes,
Qui donn'tent tant d'agrémint,
A chés garchons, chés fillettes,
Qui n'ont point connu l' tourmint ;
On y parle de l' Brad'rie,
Du Parjuré, du Broqu'let,
Et ch'est si vrai, sans flatt'rie,
Qu'un chacun crot qu'il y est.

Les canchons du Carneval,
    On peut l' dire,
    Cha fait rire,
Les canchons du carnaval,
Pour mi, ch'est un vrai régal.

Désirant juer des rôles,
On s' déguise on n' peut point mieux,
Pour dir' chés canchons si drôles,
Aussi ch'est vraimint curieux
D' vir eun' bergère, eun' princesse,
Un général, un imp'reur,
Un arlequin, eun' déesse,
Canter l' jargon d' Saint-Sauveur.

Les canchons du Carneval,
    On peut l' dire,
    Cha fait rire ;
Les canchons du Carneval,
Pour mi, ch'est un vrai régal.

Sans façon, chaq' personnache,
Jusqu'à l'imp'reur du Pérou,
Donne cun' canchon et s'n imache,
Drôle aussi, pour un p'tit sou.
Avec un sou, povoir faire
Eun' tell' provision d' gaîté !
Vous l' direz, comm' mi, j'espère :
Ch'est point quer, in vérité.

Les canchons du Carneval,
    On peut l' dire,
    Cha fait rire ;
Les canchons du Carneval,
Pour mi, ch'est un vrai régal.

LE NOUVEAU MARIÉ

PASQUILLE.

A Mademoiselle Flore Henry, de Valenciennes,

*qui m'avait prié d'écrire quelques vers
sur son Album.*

      Vous me demandez, jeune fille,
      Pour cet album si précieux,
      Soit en chanson, soit en pasquille,
      Quelques vers gais ou sérieux.

      Ma Muse, autrefois complaisante,
      Mais souvent rétive, à présent,
      Ne me fait, aujourd'hui, présent
      Que d'une pasquille plaisante.

      Je vous offre ce monologue,
      Qui renferme, en son dénouement,
      Une sorte d'enseignement,
      Comme le fait un apologue.
                      A. D.

Eun' jeun' fille d' min voisinache,
S'a mis, v'là tros s'maine', in ménache,
Avec un homm' qui l' fréquentot
D'puis fort longtemp', et qui s' moutrot,
Tout près d'ell', si plein d' complaisance,
On peut mêm' dir', d'obéissance,
Qu'ell' povot croire, et qu'ell' croyot,
Qu'avec li, mariée, ell' n'arot

Dins sin ménache, rien à faire,
Car i n' pins'rot qu'à li complaire.

Après l' nuit d' ses noce', au p'tit jour,
L'homme s' lèv', laiche, au lit, s' mamour,
Alleume l' poêl', met d'sus, l' caf'tière
Tout' rimpli' d'iau jusqu'à l' charnière,
Tourne l' café et l' met dins l'iau...
Quand il a bien boulli, ch' caf'tiau,
Il in sert, tout caud, eun' bonn' tasse
A s' femm', qui, dins sin lit, s' prélasse.
Il in bot li-même un pochon,
Mais viv'mint, sans s'assir, et, d'action,
I se r'met bien vite à l'ouvrache,
Prind des brouche', eun' boîte au chirache,
S'in sert pour chirer les sorlets
De s' femme, ainsi qu' les siens... Après
I r'lav' les tass's, ramonne l' plache,
Jett' l'iau sale et r'met tou' à s' plache...

Pindant tout l' temps que s'n homme ouvrot,
In ell'-même, l' femme l' dijot :
« Eh ben ! j' peux dir' que j'ai de l' chance !
On n' trouv'rot point peut-ête, in France,
Un homm' si bon, si complaisant.
Je n' crains point d'avoir un infant,
Car, à ch't heur', j'in réponds, sin père,
S'ra, pour li, comme eun' deuxièm' mère.

I l' rappaj'ra quand i crîra,
Et pou' l' fair' dormir, i l' berch'ra
Ah ! vraimint, je l' répète, l' chance
A bien dépassé m'n espérance... »

A ch' moumint, l'homm' s'approch' du lit,
Vette s' femm', sans rire, et li dit :
« Vous avez vu chin que j' viens d' faire,
Cath'rine !.... Eh ben ! pou' m' satisfaire,
Chaq' matin, in vous découchant,
Vous arez soin d'in faire autant. »

LA BROUETTE

Air : Vive l'Crinoline ! (4° volume).

(Noté. — N° 14.)

Un jour, j'ai vu dins l' gazette,
Un n' séquoi vraimint curieux :
L'histoire, à Lill', de l' Brouette,
Racontée on n' peut point mieux.
Eune heurette, ell' m'a fait rire
D'un bon cœur, car ch'étot cha.
Aussi, j' vas tacher d' vous l' dire
Espérant qu'on l' répèt'ra.

  Vraimint, dins no' ville,
  L' brouette a servi
  D'eun' manière utile...
  Et cocasse aussi.

On dijot dins cheull' gazette,
Qu'avant, les gros négociants
Avott'nt chacun leu brouette.
Ch'étot l' camion du temps.

Bien moins qu'à ch't heur' nos grands-pères
Savott'nt gaingner des écus ;
On n' faijot point tant d'affaires...
Mais point tant d' banqu'rout's non pus.

 Vraimint, dins no' ville,
 L' brouette a servi
 D'eun' manière utile...
 Et cocasse aussi.

Les messagers des villaches
Et des bourgs des environs,
N'avott'nt point d'aut's équipaches
Pou' v'nir fair' leus commissions.
On avot... (mais j'ai dins l' tiête,
Mes gins, qu' vous n' me croirez point),
Des messag'rie' à brouette,
Pour Wasqu'hal, Roubaix, Tourcoing.

 Vraimint, dins no' ville,
 L' brouette a servi
 D'eun' manière utile...
 Et cocasse aussi.

Tout in parlant de l' brouette,
Des broutteux, j' dos vous parler.
A l' commune, avant de l'l'ête,
I faulot s' fair' médailler,

Et puis payer des p'tits verres,
Pour bienv'nue, in quantité,
Sans cha, par tous les confrères
On étot toudis croch'té. (*)

 Vraimint, dins no' ville,
 L' brouette a servi
 D'eun' manière utile...
 Et cocasse aussi.

Et tous chés joyeux confrères,
S' donnott'nt gaîmint des noms-j'tés,
Suivant leus goûts, leus manières,
Leus défauts, leus qualités.
Qui n'a connu *La Poussière,*
Sang-Boulant, Soldat, Bancal,
La Fleur, Gros-Mabré, Pun-d'-Tierre,
Min Roux, La Planche et *Signal ?*

 Vraimint, dins no' ville,
 L' brouette a servi
 D'eun' manière utile...
 Et cocasse aussi.

On sait qu' *La Planche* (un vieux brave) !
Les jours qu'il étot fort soû,
Au moumint d' deschinde à s' cave,
Aïant peur de s' casser l' cou,

(*) Crossé, molesté.

Criot fort : « La planche !... » et s' femme
Su' les émontés, plachot
Eun' grand' planque... et li, tout blême,
Su' sin... patalon glichot.

    Vraimint, dins no' ville,
    L' brouette a servi
    D'eun' manière utile...
    Et cocasse aussi.

Comme on m' l'a dit, je l' répète :
Pus d'un broutteux pris d' boisson,
S'a vu r'conduir' su' s' brouette,
Par un confrère, à s' mason.
Je n' peux point prouver l' contraire...
Dev'nu vieux, l' fameux *Signal*,
S'a vu m'ner de l' mêm' manière,
A l'Hôpita-Général.

    Vraimint, dins no' ville,
    L' brouette a servi
    D'eun' manière utile...
    Et cocasse aussi.

Infin, toudis dins m' gazette,
J'ai vu qu'un nommé *Pascal*
Est l'inventeù de l' Brouette ..
Cha vous est peut-ête égal,

Point mi. Si j' mins, qu'on m'assomme,
J' vodros vir un monumint,
Dins Lille, in l'honneur de ch'l homme.
Il l'a mérité, vraimint.

 Car, dins no' bonn' ville,
 L' Brouette a servi
 D'eun' manière utile...
 Et cocasse aussi.

LES TRIBULATIONS D'UN AMOUREUX.

Air : Toto Carabo

ou

Il était un P'tit Homme.

(Noté. — N° 15.)

Quand on est dins l' vieillesse,
On n' parle qu' des biaux jours,
Des amours.
On dirot que l' tendresse
Nous donne, à tout moumint,
D' l' agrémint.
Là-d'sus, mi, j' dirai
Tout chin que j' sarai,
Pour vir s'il est bien vrai

Qu'on est heureux !
Qu'on est heureux ! } *Bis*.
Quand on est amoureux !

Un garchon, pour eun' fille,
A l' cœur qui fait *doucq, doucq !*
Et *floucq, floucq !*
Au lieu d' li dire, habile,
Le v'là qui vient peureux,
Ombrageux ;
N' os' point s' déclarer,
I n' fait qu' soupirer,
Et toudis l' pourmirer...

Qu'on est heureux !
Qu'on est heureux !
Quand on est amoureux !

Quand il est à s'n ouvrache,
Bien souvint, chin qu'i fait,
On l' défait,
Tell'mint s'n esprit voyache...
I perd mêm' l'appétit
Et maigrit.
I s' couch', mais l'amour
Li ju' l' vilain tour
De l' fair' rêver qu'au jour !...

Qu'on est heureux !
Qu'on est heureux !
Quand on est amoureux !

Cha dure eun' bonne espace...
N'y t'nant pu', à la fin,
Un matin,
I va d'un air bonnasse,
Faire s' déclaration
A ch' tendron,
Qui, pou' l' fair' languir,
Augminter sin d'sir (*),
Li d'mande à réfléchir...

Qu'on est heureux !
Qu'on est heureux !
Quand on est amoureux !

Il attind chinq six s'maines,
Toudis sin cœur saisi
Et transi.
Pernant pitié d' ses peines,
Infin cheull' fill' li dit,
P'tit à p'tit :
« Faudrot l' permission
D' min père... Allez donc
Li fair' vo' soumission !... »

Qu'on est heureux !
Qu'on est heureux !
Quand on est amoureux !

(*) Prononcez : *dzir*.

I s'in va trouver ch' père,
Qui n'intind point raison,
L' vieux mouson.
Vite, i s'adresse à l' mère,
Qui fait, deux heur's de long,
Un sermon,
Su' l' misèr' du temps,
L' tourmint des infants,
Les gains, qui n' sont point grands...

Qu'on est heureux !
Qu'on est heureux !
Quand on est amoureux !

Il acout' (*) plein d' corache,
De ch' biau récit, l' fin fond,
Et l' terfond,
Quoiqu'il est tout in rache,
De s' vir tant ballotté,
Tant p'loté...
Infin, l' mèr' consint ;
Mais l' pèr' dit rud'mint :
« Faudra s' marier viv'mint !... »

Qu'on est heureux !
Qu'on est heureux !
Quand on est amoureux !

(*) Ecoute.

Pourtant, avé s' maîtresse,
L' pèr' li permet d'aller
    Pourmener...
Mais, pour li, queull' tristesse !
Quand l' mèr' dit polimint :
    « Qui s'intind,
J'irai avec vous,
Pour que les jaloux
N' faitt'nt point d' cancans sur nous !... »

    Qu'on est heureux !
    Qu'on est heureux !
Quand on est amoureux !

Les fiête' et les dimanches,
On vot, comm' dit l' dicton,
    Ch' pauv' garchon,
Fair' painnier à deux manches,
Pour s'in aller danser,
    Ducasser.
Tout coiffé qu'il est
De ch' biau blanc-bonnet,
I dit : « J' trainne l' boulet !..

    Qu'on est heureux !
    Qu'on est heureux !
Quand on est amoureux !

Pour sortir d' esclavache,
Et pinsant d' ête heureux !
L' malheureux !
I s' met vite in ménache,
Et vot partir l'amour...
Par un jour,
Jugeant bien qu'il a
Un r'mèd' pir' que l' ma,
I dit souvint comme cha :

« Qu'on est heureux !
Qu'on est heureux !   } *Bis.*
Quand on est amoureux ! »

FAUX-AVEUGLES(*)

PASQUILLE.

J' déteste tout capon
Qui, n'aïant point d' corache
Pour fair' brav'mint s'n ouvrache,
Goure (**) l' public trop bon.
Quand on l' fourre au violon,
J' dis : « Bon ! il est à s' plache. »

Et pourtant, du tableau
Qu'a fait Monsieur Moreau,
Sur des avul's pour rire,
Quéq's mots, ' m'in vas vous dire :

Chés gaillards sont in train
D' partager leu butin,

(*) Tableau de mon ami Moreau-Deschanvres, de Saint-Saulve.
(**) Trompe.

Car leu vue est fort bonne.
L'un d'euss' tien' un trombonne.
Ch'est avé ch'l instrumint
Qu'i fournit d' l'agrémint
Au passant qui li donne...

Que l' bon Dieu li pardonne !

L'aut'e, assis tranquill'mint
Et comptant bien l'argint
Sans l' secours d'eun' leunette,
Est l' jueu d' clarinette...
Il a près d' li sin quien,
Biêt' qui n' se plaint de rien,
Ni de s' pauv' norriture,
Qui manq' souvint, j' vous l' jure,
Hélas !... ni des cops d' pié
Qu'i r'chot, qu' cha fait pitié ;
I n'os' même rien dire
Quand sin maît', ch'est là l' pire,
Etant dins les *brouillards* (*)
Fait, par jour, mill' canards...

Veyant, compté', leu r'cette,
Eun' femm', dins l' fond, s'apprête
A servir du bon vin
A chés deux faux quinz'-vingt...

(*) Sous l'empire de la boisson.

Infin, eun' petit' fille,
Près d' cheull' mèr' de famille,
Tient dins s' main un gob'let..
V'là l' tableau tout complet.

Cheull' scèn' fort bien rindue,
Fait dire, à l' premièr' vue :
« Pou' s' servir du pinceau
Fort gaîmint, viv' Moreau ! »

LES CARRÉS DE LILLE.

Air : Vive l' Crinoline (4ᵉ volume)
ou de
La Brouette.

(Noté. — Nº 14 et 16.)

On peut l' dir' sans fariboles :
Lille a, d'puis longtemps, du r'nom,
Pour ses gauff's, ses pains-perboles,
Et sin pain-n-épic' si bon ;
Ses croquets durs comme un oche,
Ses couque' à rojins chucrés,
Ses mastell's... (*) mais rien n'approche
L' réputation d' ses carrés.

    Viv' les carrés d' Lille !
    Ch'est l' cri, qu' tout partout,
    (Sans compter no' ville),
    Pouss'tent les gins d' goût.

(*) Petit gâteau rond fait de farine, de beurre, d'œufs, d'un peu d'eau et de canelle.

Chés morciaux d' fin pain-n-épice
Ont toudis des p'tits dessins
Qui r'présint'nt, suivant l' caprice
Du marchand, des rois, des saints,
Des cœurs, des fleurs, des étoiles,
L' solei lançant ses rayons,
Un biau p'tit navire à voiles...
J'ai mêm' vu des saucissons.

  Viv' les carrés d' Lille !
  Ch'est l' cri qu' tout partout,
  (Sans compter no' ville),
  Pouss'tent les gins d' goût.

Et d' chés séquois d' si biell' mine,
L' pri' est à l' porté' d' tertous.
I n'y-a point d' danger qu' cha ruine,
Car on n'n a six pour deux sous.
Ch'est d' là qu' vient, l' preuve est bien claire,
Qu'on di', (à vous d'in juger) :
« Mieux vaut, qu'à l'apothicaire,
S'in aller au boulainger. »

  Viv' les carrés d' Lille !
  Ch'est l' cri qu' tout partout,
  (Sans compter no' ville),
  Pouss'tent les gins d' goût

Aussi chaq' dimanche et fiêtè,
Certain marchand in vind tant,
Qu'i faudrot pus d'eun' carrette,
Pour in mett' fauq' la mitan..
Nos infants sont si bénaches
D' mainger chés carrés chéris,
Qu'i s'in fait'tent des moustaches,
Eun' mouche et des favoris.

  Viv' les carrés d' Lille !
  Ch'est l' cri qu' tout partout,
  (Sans compter no' ville),
  Pouss'tent les gins d' goût.

Tiens ! mais, faut que j' vous rappelle,
Eun' farc' qu'à nos p'tits marchands
On fait, tell'mint qu'on l' trouv' bielle,
Peut-ête d'puis tros chints ans.
Un marchand cri' : « Pains d'amande !...
Des biaux œuës ! des macarons !... »
Pou' l' faire aller, on li d' mande
S'i n'a point des carrés ronds.

  Viv' les carrés d' Lille !
  Ch'est l' cri, qu' tout partout,
  (Sans compter no' ville),
  Pouss'tent les gins d' goût.

A ch't heur', dins l' ru' d'Escrémoisse,
On in fait d'un goût nouviau.
Chacun d'eun' canchon lilloisse,
R'présinte un sujet fort biau.
D'abord : *l'Habit d' min grand-père*,
Hu' dada ! l' Nunu, ch' mitin,
Jeann'-Maillott', cheull' grand' guerrière,
Mimi Lamour et *l' Quinquin*.

    Viv' les carrés d' Lille !
    Ch'est l' cri qu' tout partout,
    (Sans compter no' ville),
    Pouss'tent les gins d' goût.

Pus qu' jamais, cheull' friandisse
S'ra chéri' des vieux chochons,
Car in veyant ch' pain-n-épice,
I s' rappell'ront les canchons
Qu'il' ont dit dins leu jeunesse...
Cha les ragaillardira.
Pus d'un, laichant là l' tristesse,
D'eun' voiss' cassé', répèt'ra :

    « Viv' les carrés d' Lille !
    Ch'est l' cri qu' tout partout,
    (Sans compter no' ville),
    Pouss'tent les gins d' goût. »

COLETTE.

Air de l'auteur.

(Noté. — N° 17.)

Eun' jeun' fill' qu'on appell' Colette,
Et qui reste dins min quartier,
N'a pour vive et faire s' toilette,
Que l' gain qu' li rapport' sin métier.
J'ai l'idé' d' vous dire s'n histoire,
J'aim' les p'tits, les pauv's, les souffrants...
Manq'-t-i des gins pour vanter l' gloire
Des heureux, des riche' et des grands?

Et v'là l' simple histoir' de Colette,
Cheull' fille in r'nom su' Saint-Sauveur,
Comm' dins l' vieux quartier de l' Plachette,
   Pour sin bon cœur,
   Et s' bielle humeur.

Elle est couturière à l' machine.
Quoique ouvrant ferme, ch'est plaisi
D' vir, mes gins, comme elle a bonn' mine,
Eun' biell' gaîté, l'air sans souci.
Aimant par-dessus tout, l' musique,
Ell' cante, et sans s'égosiller.
Ch' n'est point l' piano, mais s' mécanique,
Qui li sert pour s'accompagner.

Et v'là l' gai savoir de Colette,
Cheull' fille in r'nom su' Saint-Sauveur,
Comm' dins l' vieux quartier de l' Plachette,
    Pour sin bon cœur,
    Et s' bielle humeur.

On peut dir' qu'elle a du mérite.
Sans l'argint d' personne, à grands frais,
De l' petit' cambre qu'elle habite,
Elle a fait comme un p'tit palais.
Mobilier, lit'ri's, tout vient d'elle,
Et j' vous jur' qu'i n' li manque rien,
Point même un compagnon fidèle,
Gai comme elle, un p'tit canarien.

Et v'là tout l' fortune d' Colette,
Cheull' fille in r'nom su' Saint-Sauveur,
Comm' dins l' vieux quartier de l' Plachette,
    Pour sin bon cœur,
    Et s' bielle humeur.

Dins les noce' et dins les r'vidiaches,
Toudis, ch'est elle l' boute-in-train.
Ell' rind surtout les gins bénaches,
Quand elle y cante un joyeux r'frain.
On l' demande souvint pour marraine ;
D'êt' sin compère on s' fait d' l'honneur,
Et l'infant, qu'au baptême, ell' mène,
On prétind qu'il a du bonheur.

Et v'là chin qu'on pinse d' Colette,
Cheull' fille in r'nom su' Saint-Sauveur,
Comm' dins l' vieux quartier de l' Plachette,
  Pour sin bon cœur,
  Et s' bielle humeur.

Quand eun' gin dins sin voisinache,
Vient malade et s' trouv' dins l' besoin,
Tout près d'elle, ell' porte s'n ouvrache,
Et, jour et nuit, li donn' du soin.
On prétind qu'à pus d'un malade,
Donnant ponr tout r'mède, s' gaîté,
Comme un aut' sert de l' limonade,
Elle a souvint rindu l' santé.

Et v'là l' scieince et l'esprit d' Colette,
Cheull' fille in r'nom su' Saint-Sauveur,
Comm' dins l' vieux quartier de l' Plachette,
  Pour sin bon cœur,
  Et s' bielle humeur.

Après tout cha faut-i vous dire,
Qu'avecque l' pus bonne intintion,
Pus d'un garchon pour ell' soupire,
Et, quéq'fos, fait s' déclaration?
Ch'est pour eusse eun' peine inutile,
Car cheull' fille a promis s'n amour
Au caporal-clairon Mimile...
Elle attind, pou' s' marier, sin r'tour.

Et v'là les amours de Colette,
Cheull' fille in r'nom su' Saint-Sauveur,
Comm' dins l' vieux quartier de l' Plachette,
      Pour sin bon cœur,
      Et s' bielle humeur.

UN VOISIN COMPLAISANT.

PASQUILLE.

In septante et septante-et-un,
Comm' vous l' savez, tout un chacun
Etot dins l' garde-nationale
Bon gré, mal gré. Jean Batistale,
Bon garchon, mais fort peu guerrier,
Avot fait semblant d'oblier,
Malgré qu'on avot mis d's affiches,
Qu'on d'vot tertous, les pauv's, les riches,
Intrer dins ch' fameux régimint.
Un jour, pou' l' punir de ch' manq'mint,
V'là que l' Consel de discipline
L'appelle et (jugez d'ichi s' mine!)
Sans pitié condainne ch' garchon,
A passer tros jour' in prijon !
J' cros m' rapp'ler qu' ch'étot dins l' quinzaine
Qu'i d'vot s'in aller faire s' peine.

Mais li, qui n'est jamais pressé,
I s' décid' quand ch' temp' est passé ;
Incor, pour boir' pus d'eun' canette,
In route, au cabaret, s'arrête.

Su' l' temps qu'il étot là, ch' luron,
V'là chin qui s' passot dins s' mason :

I faut vous dir' que s' femm', Charlotte,
Est eun' petit' brunett', perniote (*),
A l'air si franc, si réjoui,
Qu'on a, rien qu'à l' vir, du plaisi.

Elle a l' défaut d'êt' fort coquette,
Mais ch'est tout... Ch'est eun' femme honnête,
Et chin que j' vas dir' vous l' prouv'ra.

Un jeune homme, un p'tit peu bêta,
Sin voisin, soupirot pour elle,
Et li dijot qu'elle étot bielle
Chaq' fos qu'ell' passot tout près d' li.
Ch' complimint li faijant plaisi,
E (**) n' povot point s'impêcher d' rire,
Mais passot sin q'min sans rien dire.
Li, contint qu'on n' le r'butot point,
In li-mêm' dijot : « J' trouv'rai l' joint ! »

(*) Mignonne.
(**) Abréviation du pronom *Elle*.

Et v'là qu'il apprind qu' Batistale
A l' prijon de l' Gard'-nationale,
Pour fair' sin temps vient d' s'in aller.
Alors i sint sin cœur craquer,
Tout d' suite, i parte, y marche, i trotte,
I court jusqu'à l' cambre d' Charlotte...

Ell', tout d' abord, veyant ch' garchon,
N' sai' à queull' sauc' mainger l' pichon.
« Quoi-ch' qu'i m' veut ? » qu'ell' di' in ell'-même...
L'aut', tout r'froidi, veyant cheull' femme,
Là, dins s' cambre, raccommodant,
Tranquill'mint, l' maillot de s'n infant,
Comprind qu'i jue un drôl' de rôle,
Veut parler, et n' trouv' point d' parole...
In mêm' temps, on intind du bruit
Su' l's émontés, et Charlotte dit :
« Partez vite ! on dirot qu' ch'est m'n homme ! »
Mais l' malheureux qui trannot comme
Eun' feull', perd tout-à-fait l'esprit,
Et va s' mucher derrière l' lit.

Alors on buque !... et l' femme in larmes,
Dit : « Intrez !... » Ell' vot deux gendarmes !..
Elle a peur et, machinal'mint,
Veut s'in aller... mais, polimint
L'un des deux gendarmes l' l'arrête ;
L'aut', dins les coin' et racoins, r'vette,

Du lit soulève, infin, l' rideau
Et dénich' facil'mint l'ojeau. (*)
« Vous êt's, qu'i li dit, Batistale !
A l' prijon de l' Gard'-nationale
I faut nous suive !... » Et l' pauv' garchon,
Obéit, douch' comme un mouton.

Eune heure après, l'homme d' Charlotte,
Qui s'avot mis presque in ribotte,
Sonne à l'Hôtel des-z-haricots. (**)
I dit sin nom... « Roi des soulots,
Dit l' portier, va-z-in vir un aute,
Pour faire avaler cheull' carotte.
Batistal' dort là comme un noir !
Ainsi, va-t-in t' coucher .. Bonsoir ! »

Et ch'l homme ayant parlé d' cheull' sorte,
Au nez d' Batistal' pousse l' porte...

Li, tout surpris, s'a dessoûlé,
Et vite, à s' mason a filé.

Charlotte a dit l' fin mot d' l'affaire
A Jean, qui, d'abord, in colère,

(*) Oiseau. Il va sans dire qu'ici ce mot est employé figurément.
(**) Nom populaire de la prison de la garde-nationale.

Gesticulant comme un furieux,
Parlot d' calotter l'amoureux.
Mais d'puis lors, avé s' petit' femme,
Pus d'eun fo', il a ri li-même,
Et d'un bien grand cœur, in pinsant
A sin voisin si complaisant.

LA FEMME D'UN COULONNEUX.(*)

Air de l'auteur.

(Noté. — N° 18.)

Hier, j'ai rincontré m' commère,
L' femme à Séraphin,
Ell', réjoui' d'ordinaire,
Avot l'air chagrin.
Surpris, j' l'arrête au pus vite,
Pour mi savoir chin qu'elle a.
In soupirant, l' pauv' petite,
Dit : « J' vas vous raconter cha,

Et vous l' direz, j'espère,
Compère, (*Bis*).
Que l' femm' d'un coulonneux
A l' sort bien malheureux. »

(*) Amateur de pigeons voyageurs.

Séraphin étot l' modèle
    Du brave homm' marié,
Donnant chaq' jour à s'n Adèle,
    Des preuv's d'amitié.
Pinsez si j'ai l' cœur à rire !
Tout d'un cop, ch' roi des chochons
A porté, j' rougis de l' dire,
Tout s'n amour su' des coulons.

    Ah ! vous l' direz, j'espère,
        Compère, *(Bis)*
    Que l' femm' d'un coulonneux
    A l' sort bien malheureux.

I les baje, i les cajole,
    Leu parle tout l' temps,
(Jugez, compèr', si ch'est drôle,)
    Mieux qu'à des infants.
Ah ! vraimint, m' peine est estrême !
Vous comprindrez min dépit :
Les mots qu'i dot dire à s' femme,
Ch'est à chés biêt's qu'i les dit.

    Ah ! vous l' direz, j'espère,
        Compère, *(Bis)*
    Que l' femm' d'un coulonneux
    A l' sort bien malheureux.

Quand ses coulons sont malades,
 Faut vir sin chagrin !
Pus d' cabaret, pus d' prom'nades,
 I n'a mêm' pus faim.
A chés coulons, tant qu' cha dure,
I donn' les soins d' un ami...
Si j' viens malad', j'in sus sure,
I n'in f'ra point tant pour mi.

 Ah ! vous l' direz, j'espère,
   Compère, (*Bis*)
 Que l' femm' d'un coulonneux
 A l' sort bien malheureux.

Il in perd souvint tros quate.
 Cha l'l'attriste, mais
Cha n' fait rien, il in racate ;
 I ne r'cule jamais.
Ch' n'est point pou' rien qu' je m' dépite.
Quand j' dis, lass' de l' vir souffrir :
« Mais, vinds tes coulons bien vite ! »
I m' répond : « J'aim' mieux morir ! »

 Ah ! vous l' direz, j'espère,
   Compère, (*Bis*)
 Que l' femm' d'un coulonneux
 A l' sort bien malheureux.

Incor s'il avot de l' chance !
　　Mais, dins les concours,
Quoiq' toudis plein d'espérance,
　　Tout li tourne à rebours.
Souvint l' coulon reste in route,
On n' sait point par queul hasard,
Et s'il arriv' qu'i rabroute,
Cha n' manq' point : il est in r'tard.

　　Ah ! vous l' direz, j'espère,
　　　　Compère, (*Bis*)
　　Que l' femm' d'un coulonneux
　　A l' sort bien malheureux.

Il a détruit (biau mérite !)
　　Les cats du quartier,
Pour n'avoir point leu visite
　　Dins sin coulombier.
V'là chin qu'a produit ch'l ouvrache,
Qui n'a ni rim' ni raison :
Les soris d' tout l' voisinache
Sont v'nu's nicher dins m' mason.

　　Ah ! vous l' direz, j'espère,
　　　　Compère, (*Bis*)
　　Que l' femm' d'un coulonneux
　　A l' sort bien malheureux.

Ah ! t'nez, cha cess' d'êt' cocasse !
    Eun' parell' passion,
Pour des coulons, cha dépasse,
    D'êt' sot, l' permission.
Au bon sins, ch'est eune intorse.
Heureus'mint qu'i vient d' passer
Eun' loi qui permet l' divorce...
On n' porra point m' le r'fuser.

Car vous l' direz, j'espère,
    Compère, *(Bis)*
Que l' femm' d'un coulonneux
A l' sort bien malheureux.

MARIE-GRIPPETTE.

Air de l'auteur.

(Noté. — N° 19.)

J' n'aim' point d' dir' du ma des hommes,
Et des femme' incor bien moins,
Par malheur, dins l' temps qu' nous sommes,
On trouve à r'dir' su' tous points.
Et mi-mêm' je n' peux point m' taire,
De m' cousin' Mari' Mad'lon,
J' vas vous r'tracer l' caractère,
Vous verrez qu'i n'est point bon.

    Queull' méchant' serpette,
    Que m' cousin' Mad'lon !
On l'l'appell' Mari'-Grippette,
    Ch'est bien sin vrai nom.

Elle est méchante d' naissance.
Infant, à l'écol' des sœurs,
Ell' se donnot l' jouissance
D' fair' des niche' à ses consœurs.
Quand eun' fille étot tout' fière
D'écrire avec properté,
Su' sin cahier, in derrière,
Elle allot faire un pâté.

 Queull' méchant' serpette,
 Que m' cousin' Mad'lon !
On l' l'appell' Mari'-Grippette,
 Ch'est bien sin vrai nom.

A les fillett's les pu' arses,
S'y pernant d'un air malin,
Ell' conseillot d' fair' des farces,
Et les mettot même in train.
Quand il' avott'nt fait quéq' faute
Qu'ell' mêm' venot d' proposer,
Bien vit', cheull' vilain' marmotte,
S'in allot les raccuser.

 Queull' méchant' serpette,
 Que m' cousin' Mad'lon !
On l' l'appell' Mari'-Grippette,
 Ch'est bien sin vrai nom.

Ell' va, pus tard, in fabrique,
Et s'y fait, d'abord, bien v'nir,
Car elle a l'esprit comique,
Quand i li plait d' s'in servir.
Mais, de ch' biau rôle, ell' se r'bute,
S' méchant' langue ell' fait marcher,
Et met tout l' monde in dispute,
San' avoir l'air d'y toucher.

  Queull' méchant' serpette,
   Que m' cousin' Mad'lon !
  On l'l'appell' Mari'-Grippette,
   Ch'est bien sin vrai nom.

Un jour, elle intre in ménache
Avec un ancien soldat,
Un grand gaillard à moustache,
Et dur à cuire au combat.
Chacun dijòt, veyant s' mine :
V'là sin maît' !... mais ch'l homm' si grand,
Est, dins les mains d' cheull' matine,
Tout aussi souple qu'un gant.

  Queull' méchant' serpette,
   Que m' cousin' Madelon !
  On l'l'appell' Mari-'Grippette,
   Ch'est bien sin vrai nom.

Avant d'partir à l'ouvrache,
Tout aussitôt qu'il est l'vé,
Ch'est li qui ramonne l' plache,
Alleume l' fu, fait l' café.
Quand Mad'lon finit sin somme,
Ell' n'a rien à faire... Eh ben!
Croirez-vous, qu' souvint ch' pauvre homme,
Par elle, est traité d' vaurien?

 Queull' méchant' serpette,
  Que m' cousin' Mad'lon!
 On l'l'appell' Mari'-Grippette,
  Ch'est bien sin vrai nom.

Si, quand il a r'chu s' quinzaine,
Avec des joyeux chochons,
Volant peut-êt' noyer s' peine,
I s'in va boir' quéq's pochons,
Presque toudis, s' femme arrive,
In fureur, comme un démon,
Crier d'sus qu'à tant qu'i l' suive,
Docil' comme un p'tit mouton.

 Queull' méchant' serpette,
  Que m' cousin' Mad'lon!
 On l'l'appell' Mari'-Grippette,
  Ch'est bien sin vrai nom.

Infin, dins sin voisinache,
Su' tout l' monde ell' dit du ma ;
Ell' trouble pus d'un ménache
Et des amis. Malgré cha,
Personn' n'os' pus porter plainte
Pou' l' faire aller au p'tit plaid,
Car, sans peur, ell' s'y présinte,
Et fait croir' qu'ell' n'a rien fait.

  Queull' méchant' serpette,
  Que m' cousin' Mad'lon !
On l'l'appell' Mari'-Grippette,
  Ch'est bien sin vrai nom.

DANS LES BOIS. (*)

PASQUILLE.

On sait qu'il est bien pus facile
D' fair' poser les gins qu' les bestiaux.
Vous éte' in train d' preind' leus musiaux :
L'un gigote, un aut', pus docile,
Fait d'mi-tour, présint' l'opposé ;
Un aute est on n' peut mieux posé
Pour êt' pris tout drot... v'là qui' s' couche ;
Un aute, infin, pour un rien s'effarouche,
I saute, i court, sans savoir ùch' qu'i va...

Moral, qui sait mieux qu' mi tout cha,
A r'marqué qu' chés biêt's sont curieusses,
Et s'a dit : « Ah ! j' vous tiens, mes gueusses !
Et vous pos'rez pour min tableau,
Sans r'muer, non pus qu'un potiau. »

Il a fait placher su' l' pature,
Qu'i nous r'présinte, et su' l' verdure

(*) Titre d'un tableau de notre concitoyen H. Moral.

Qui s' trouv' tout au bord d'un fossé,
Point lon d'un-n-halot, (*) vieux, cassé,
Un jeun' musicien du villache
(Du reste, on l' vot dins l' paysache)
Et ch'l homme a jué du flageolet...

Ch'est à pein' si l'air d'un couplet
Étot fini, qu' des bœués superbes,
Marchant lourdemint dins les hierbes,
Sont v'nus vettier fort curieus'mint,
Et l' musicien, et s'n instrumint.
Si bien que l' peintre a fait s'n ouvrache,
D'un bout à l'aut', sans bouger d' plache.

Chacun dira, veyant ch' tableau :
« Moral est un malin fichau,
Avec ses pinceaux, ses couleurs, ses palettes,
Il attrape on n' peut mieux les biêtes. »

(*) Saule.

LA SAINTE-ANNE.

Air de l'auteur.

(Noté. — N° 20.)

Dins l' temps, j' vous ai canté l' Brad'rie,
  La Foire, ainsi que l' Broq'let.
Aujord'hui, v'là qu'i m' prind l'einvie
D' vous roucouler pus d'un couplet
Sur eun' fiête on n' peut pus curieusse,
  Et qui mérit' bien le r'nom
Qu'elle a, dins no' ville si joyeusse. .
L' Sainte-Ann', pour l'app'ler par sin nom.

  Ah ! l' Sainte-Anne est eun' fiête
  Qui donn' bien d' l'agrémint !
  Ni garchon, ni fillette,
  N' peut point dire autermint.

On sait qu' ch'est l'fiêt' des sarrautières,
　　Des buress's, comm' des m'nusiers,
Des r'passeuses' ainsi qu' des gil'tières,
Des lingère' et des carpintiers.
Ch'est aussi l' fiêt' des ébénistes.
　　On m'a mêm' cité souvint,
Les couturière' et les modistes....
Mais, pour mieux dir', tout l'monde in tient.

　　　Ah! l' Sainte-Anne est eun' fiête
　　　Qui donn' bien d' l'agrémint!
　　　Ni garchon, ni fillette,
　　　N' peut point dire autermint.

Ch'est l' vingt-chinq juillet qu'elle arrive,
　　Ch'est-à-dire in plein été,
Quand l'ouvrach' donne, et qu'on n' se prive
De rien, su' l' rapport de l' gaîté.
Ch'est à qui, dès l' velle, au pus vite,
　　Acat'ra l' bouquet l' pus biau...
Avé l' nombre qui s'in débite,
On rimplirot l' Palais-Rameau.

　　　Ah! l' Sainte-Anne est eun' fiête
　　　Qui donn' bien d' l'agrémint!
　　　Ni garchon, ni fillette,
　　　N' peut point dire autermint!

Pour faire honneur à cheull' patronne,
 Ah ! qu'on dépinse d' l'argint !
Car, avé l' bouquet, chacun donne,
Cha va sans dire, un biau présint.
L' grand nombre a fait s'n éparnemale,
 Tout d'puis longtemps, p'tit à p'tit...
Et cheuss' qui n'ont ni sou ni malle, (*)
Sont quitt's pour aller à crédit.

> Ah! l' Sainte-Anne est eun' fiête
> Qui donn' bien d' l'agrémint !
> Ni garchon, ni fillette,
> N' peut point dire autermint.

Ch'est l' lundi d'après qu'on fait l' fiête.
 Homm' comm' femme, à peine l'vé,
Parlant du plaisi qui s'apprête,
S' régal' d'eun' bonn' tass' de café.
On l' couronne au moins d'un p'tit verre...
 Après cha tout un chacun,
Pour s'amuser, suivant s' manière,
S'in va s' mett' su' sin trinte-et-un.

> Ah ! l'Sainte-Anne est eun' fiête
> Qui donn' bien d' l'agrémint !
> Ni garchon, ni fillette,
> N' peut point dire autermint.

(*) Ni sou ni maille. On sait que la maille est une très ancienne monnaie de billon.

Et, bien r'quinqués, cheuss' qui sont d' noces,
  Ver' onze heur's, s'in vont, brav'mint,
In caroch's, trainné's par des rosses,
Les aute' à pied, tertous gaîmint,
A l' Commun', trouver Monsieur l' Maire,
  Qui, dins ch'l atau si fameux,
A pus d' chinquant' mariache' à faire,
Pour mieux dire eun' chintain' d'heureux.

  Ah! l' Sainte-Anne est eun' fiête
  Qui donn' bien d' l'agrémint!
  Ni garchon, ni fillette,
  N' peut point dire autermint.

A partir de ch' moumint, no' ville
  Est in grande animation.
Viell' gin, comm' jeun' garchon, jeun' fille,
Au plaisi, court vite, et d'action.
Dins les cabarets, les guinguettes,
  N'y-a point moyen d' circuler...
On y vide un nombre d' canettes
Qu'on n'a jamais su carculer.

  Ah! l' Sainte-Anne est eun' fiête
  Qui donn' bien d' l'agrémint!
  Ni garchon, ni fillette,
  N' peut point dire autermint.

Toùt partout queull' réjouissance !
Quèu les festins d' Bâlthazar !
Au soir, dins pus d' vingt bal', on danse.
Mais ch'est surtou' à l'*Alcazar*
Qu'on s'in donn' jusqu'au-d'sus de l'tiête
Pour bien s'in souv'nir... Infin
Presque tout l' mond" finit cheull' fiête,
In s'in allant coucher l' lind'main.

    Ah ! l' Sainte-Anne est eun' fiête
    Qui donn' bien d' l'agrémint !
    Ni garchon, ni fillette,
    N' peut point dire autermint.

CHACHARLES
L'HERCULE DU NORD (*).

Air du Pana (4ᵉ volume)
ou de
Mimile au Musée.

(Noté. — N° 6.)

Avec min compèr' Riboulette,
Nous avon' eu l'idé', l'aut' jour,
D'intrer, pour y boire eun' canette,
Au cabaret du *Pont-d'Amour* (**).
Assis, nous intindons qu'on parle.
Ch'est un grand-père d' l'hôpita,
Qui racont' l'histoir' de Chacharle,
A peu près de l' manièr' que v'là :

Tant qu'on parlera d'un homm' fort, } *Bis.*
Faudra citer l'hercul' du Nord,

(*) Nous avons pris le sujet de cette chanson dans le charmant volume des « *Histoires du pays flamand* » de notre concitoyen et ami H. Verly.

Charles Roussel, dit *Chacharles*, l'Hercule du Nord, est né à Lille, rue des Bouchers, le 28 février 1781 ; il y est décédé le 27 juillet 1826.

(**) Sis au pont du même nom, rue des Bouchers.

J' l'ai bien connu, dijot ch' grand-père,
I restot dins l' ru' des Bouchers,
Ses frère' et sœurs, sin père et s' mère,
Etott'nt comm' li, tertous cinsiers.
Il étot biau comme eune imache,
Quasimint p'tit, mais si nerveux,
Qu'eun' pich'nette d' li su' l' visache,
Faijot l' effet d'eun' corde-à-nœuds.

Tant qu'on parlera d'un homm' fort,
Faudra citer l'hercul' du Nord.

Il étot chéri des fillettes;
Car, pou' leu' donner du plaisi
A leu' fair' fair' des pirouettes,
Au bal, i n'y-avot point comm' li.
Vous allez dire qu' ch'est eun' bleusse.
Pus d'eun' fos, j'ai vu ch' gros riou, (*)
Valser, in t'nant su' s' main s' valseusse,
Comme un infant f'rot de s' catou.

Tant qu'on parlera d'un homm' fort,
Faudra citer l'hercul' du Nord.

Eun' fos, par des lutteux d' la Foire,
Il est sott'mint mi' au défi.

―――――――――――――――――――――――――――
(*) Rieur; farceur.

Li, sans quitter s' pip' de s' mâchoire,
Leu dit : « J' veux bien !... » Comme on a ri !
In moins d' temps qu'on n' mé' à l' bascule
Pour péser quéq's bottes d' radis,
Il a randouillé (*) chaque hercule,
Comme un cat randouillé eun' soris.

Tant qu'on parlera d'un homm' fort,
Faudra citer l'hercul' du Nord.

I v'not d' finir cheull' bielle ouvrache,
Quand on intind des cri' affreux.
Ch'est un tigre sorti de s' cache,
Qui s' faufile avec les lutteux.
Mais Chacharle in veyant qu' cheull' biête
Veut li sauter su' l' casaquin,
Li donne un grand cop d' poing su' l' tiête,
Qui li fait passer l' goût du pain.

Tant qu'on parlera d'un homm' fort,
Faudra citer l' hercul' du Nord.

On comprind qu'après cheull' victoire,
I n' povot pus rester cinsier.
Il est allé parfaire s' gloire
Dins les grand's vill's du monde intier.

(*) Tenir quelqu'un par terre, le remuer et le retourner en tous sens, soit en luttant, soit en jouant.

Infin, par amour pou' s' famille,
In rapportant gramint d' gros sous,
Un jour il a r'venu dins Lille,
Fort tranquill'mint planter ses choux.

Tant qu'on parlera d'un homm' fort, ⎫
Faudra citer l'hercul' du Nord ⎬ *Bis.*

PYRAME ET THISBÉ.

PASQUILLE.

I n'existe peut-êt' personne
Qui n' sait qu' dins l' temps, à Babylone,
Pyrame et Thisbé, riche', heureux,
Jeune' et biaux, et for' amoureux,
Sont morts d'eun' bien triste manière.

Désespérés qu' leus père et mère,
A chacun, pour les contrarier,
N' volott'nt point les laicher s' marier,
I s' sont dit : « Eh ben ! quittons l' ville !
Il est triste d' viv' sans famille,
Mais l'amour jamais n' nous quitt'ra,
Et, pour sûr, i nous in donn'ra...
Allons, ch'est eune affair' conv'nue,
Au brun soir, à l'intré' d' l'av'nue
De l' forêt, dit Thisbé, plein' d'élan,
Trouvons-nous près du mûrier blanc. »

Cheull' jeun' fille arrive l' première....
Eun' lionne est là, tout in colère ;
Ell' le prouv' par un-n-hurlémint....
Thisbé s' sauve et malheureus'mint

Perd sin voil', qu'aussitôt l' gross' biête
Prind dins s' gueull', l'arrache et l'le r'jette,
Après l' l' avoir tout rimpli d' sang,
Et court dévorer un passant...

Pyrame arrive et trouv' cheull' loque...
V'là ch' garchon qui bat la berloque
Et dit : « Ch'est bien l' sang d' min Bébé!...
(Ch'est ainsi qu'il app'lot Thisbé,
Quand i li parlot d'amourette),
« Puisque j'ai perdu m' blondinette,
Qu'i dit, j' n'ai qu'à morirs ans r'tard ! »
Alors, i s' donne un cop d' poignard
Qui l' rinvers', tout d' sin long, par tierre...

Thisbé r'vient, et quoiq' sans leumière,
Trouv' tout aussitôt s'n amoureux...
Ell' se jett' sur li, li caress' les ch'veux,
Ell' l'imbrass' vingt fos, et l' rimbrasse incore,
Li donn' des p'tits noms, li dit qu'ell' l'adore,
Tache de l' ranimer... Veyant qu'i s' raidit,
Qu'il est déjà frod, elle soupire et dit :

« Adieu, min Pyrame,
Tout min cœur et m'n âme,
Adieu tout m'n amour !... »

Du poignard ell' s'arme, et s' tue à sin tour.

LE GROS JÉRÔME.

Air de l'auteur.

(Noté. — N° 21.)

A Théophile DENIS.

J'ai, pour un biau jeune homme,
Qu'on appell' gros Jérôme,
Eun' provision d'amour,
Qui, malgré mi, grossit chaq' jour.
 Et l' pus triste d' l'affaire,
 Incor, ch'est qu' j'ai biau faire
 Pour tacher d' l'exciter...
I n'a point l'air de s'in douter.
 Quand i parte à s'n ouvrache,
 S'i m' trouv' su' sin passache,
Hélas ! comme à n'importe qui,
I n' me donn' qu'un bonjour... poli.

Qu'eun' fille est malheureusse,
Quand elle est amoureusse
D'un garchon sans amour !
Ell' souffre nuit et jour.

Nous restons porte à porte.
Aussi, l'été, quand j' sorte,
Quéq'fo', au bord du soir,
Je l' vos, qui feum' su' sin trottoir.
Croyant qu'i m'examine,
In faijant m' pus biell' mine,
J' li dis : « Bonsoir, voisin !
Pinsez-vous qu'i f'ra biau temps d'main ?
I comprind m' politesse,
Mais point du tout m' finesse,
Et m' répond ch' dicton d' gros malin :
« J' porrai l' dire après-d'main matin ! »

Qu'eun' fille est malheureusse,
Quand elle est amoureusse
D'un garchon sans amour !
Ell' souffre nuit et jour.

On vant' souvint m' figure,
Sans critiquer m' tournure,
Car, pus d' six fos par jour,
J'intinds dir' que j' sus faite au tour.
Quoiq' je n' sus point coquette,
In parlant de m' toilette,
Bien souvint pus d'eun' gin
Dit que j' sus prope avecque rien.
Mais d'un aut' que d' Jérôme,
Tout complimint m'assomme...

Li, qui trouv' peut-êt' cha commun,
Perd un œul quand i m'in fai' un.

    Qu'eun' fille est malheureusse,
    Quand elle est amoureusse
    D'un garchon sans amour !
    Ell' souffre nuit et jour.

    On sait qu' des parainnaches
    Faitt'nt souvint des mariaches.
    Avecque ch' sans-souci,
Ch' vieux moyen n'a point réussi.
    Li, parrain, mi, marraine
    A l'infant d' Ros'-Mad'leine,
    Insenne, eun' fos, nous v'là...
Pinsant qu' infin i s' déclar'ra,
    Déjà, min cœur palpite...
    Jugez si je m' dépite,
Quand, à table, au lieu de m' parler,
I n' pins', tout l' temps, qu'à s' rimbourrer.

    Qu'eun' fille est malheureusse,
    Quand elle est amoureusse
    D'un garchon sans amour !
    Ell' souffre nuit et jour.

    On sert des papillottes,
    Avec des d'vis's point sottes,

Et chaqueune (*) un pétard,
Qu'on fait craquer, tertous, sans r'tard ;
　　Alors, comme eun' muscade,
　　Disparait tout l' chucade,
　　Les d'visse' un chacun lit...
Ch'est des d'mande' et répouse'.... On rit
　　In lijant chacun l' sienne...
　　A Jérôme, l' lis l' mienne:
« Pou' l' mariache avez-vous du goût ? »
I m' répond : « Ma foi, point du tout ! »

Qu'eun' fille est malheureusse,
Quand elle est amoureusse
D'un garchon sans amour !
Ell' souffre nuit et jour.

A la fin, on me r'lance,
Pour que j' cante eun' romance,
Et, comme, ordinair'mint,
On trouv' que j' m'in tir' jolimint,
　　J' dis : Bon ! cha fait m'n affaire !
　　Et, pour tacher d' li plaire,
　　J' queusis chin qu'i n'y-a de mieux,
In couplets tendre' et langoureux,

(*) Dans le système d'orthographe que j'ai adopté, les mots doivent, autant que possible, avoir la même physionomie qu'en français ; notamment, je cherche à ne jamais substituer le *k* ou le *q* à la lettre *c*. Je n'ai donc écrit *chaqueune*, féminin de *chacun*, que parce qu'il était impossible de rendre autrement la prononciation de ce mot.

Croyant, par cheull' malice,
Vir finir min supplice...
In cantant, j' l'ai bien surveillé,
Hélas ! il a tros l'os baillé !

Qu'eun' fille est malheureusse,
Quand elle est amoureusse
D'un garchon sans amour !
Ell' souffre nuit et jour.

Et malgré tout chu, j' l'aime.
Pour sûr, autant qu' mi-même.
Pourquoi ? Vrai, j' n'in sais point...
Chin que j' sais, ch'est qu' min cœur est r'joint,
Qu'il est tout à Jérôme,
Et qu' jamai' un autre homme,
S'rot-i pus biau que l' jour,
N'ara mêm' l'ombre de m'n amour.
Du fond du cœur, j'espère
Gaingner ch'ti d' min compère...
Jusqu'à là, pourtant, tristemint,
On porra m'intind' dir' souvint :

Qu'eun' fille est malheureusse,
Quand elle est amoureusse
D'un garchon sans amour !
Ell' souffre nuit et jour.

LE PUANT.

Air : V'là c' que c'est qu' d'aller au bois,

ou de

Mon premier voyage à Arras.

(Noté. — N° 22.)

J'ai pour cousin l' fieu d'un graissier,
Qui, du pape, s' crot l' moutardier,
Car i n' pins' fauque à s' glorifier.
  I vante s'n adresse,
  S' tournure et s' finesse,

Mais chacun di', in l'l'intindant :   } *Bis.*
Queu puant ! mon Dieu queu puant !

Pour imiter les biaux monsieux,
L' dimanche i passe eune heure ou deux,
A coller su' sin front ses ch'veux,

A s' mett' de l' pommade,
A s' rind' l'air malade,
In s' barbouillant avec du blanc.
Queu puant ! mon Dieu queu puant !

Quand il est su' sin trinte-et-un,
I s' figure qu' tout un chacun,
Obliant qu'il est du commun,
    Va l' prind' pour un prince.
    On vot qu'il y pinse,
Tell'mint qu'i s' pourmire in marchant.
Queu puant ! mon Dieu queu puant '

S'i rincontre alors su' sin q'min,
Un comarad', comm' li, faquin,
I li donne cun' bonn' poigni' d' main...
    S'il in trouve un aute
    Avé s' viell' capote,
De n' point l' vir, i fait vit' semblant.
Queu puant ! mon Dieu queu puant !

A quate épeinne' étant tiré,
Des jeun's fille' i s' pinse admiré.
Mais bah ! pour ell' rir' de ch' timbré,
    Pus d'eun' biell' fillette,
    Dit qu'on d'vrot bien l' mette
A l' porte d'un tailleur-marchand.
Queu puant ! mon Dieu queu puant !

Quoiq' simple garchon d' magasin,
Comm', su' toul' cosse, i s' crot malin,
Tout d'puis qu'à l' plach' d'un écrivain,
    Il a fait quéq's lettes
    Su' des étiquettes,

I s' flatt' d'êt' commis-négociant.
Queu puant ! mon Dieu, queu puant !

Pa' c' que sur un p'tit chifflotiau
I berdoulle un air point fort biau,
Est-ch' qu'i n' se figur' point, l' gaspiau,
    Qu'on l' prind pour artiste
    Musicien-flûtiste !

Tout l' mond' s'indor' in l'l'acoutant.
Queu puant ! mon Dieu queu puant !

Par infin, ch' drôl' de paroissien,
Trouv' tout chin qui vient d' li, fort bien,
Mais, v'nant d'un aut', cha n' vaut pus rien...
    Riant de s' critique
    Mi, j' pinse à l' bourrique

Qui s'admire in faijant : *hi-hàn !*...
Queu puant ! mon Dieu queu puant ! } *Bis.*

DIANE AU BAIN. (*)

PASQUILLE.

Ch' tableau nous r'présinte eun' femm' rousse,
Intouré' d'hierbe, d' plante' et d' mousse,
Jeune et biell', tout' nu', quasimint,
Puisqu'ell' n'a pour tout habill'mint
Qu'eune écharpe, un ruban su' s' tiête...
In veyant cheull' simple toilette,
Comm' malgré mi, j'ai dit tout haut :
« Ch'est l' portrait d'eun' femm' comme i faut,
Mais faut conv'nir qu'elle est sans gêne... »
Alors, min vieux compère Ugène,
Un malin comme i n'y-in (**) a point,
Et qui sait l'histoir' su' tout point,
Dit tout d' suite : « I faut que j' t'éclaire.
Ch'est eun' déess', tout au contraire,
Bien r'nommé' dins l'antiquité
Pour avoir conservé s' pûr'té, (***)

(* Tableau de notre jeune conciloyen Paul Duthoit.

(**) N'y-in se prononce en une seule syllabe comme n'y-a. — Voir l'observation à la page 18.

(***) Chin qui n'impêch' point qu'on raconte
(Il est vrai qu' ch'est peut-ête un conte)
Qu'elle a perdu s' réputation
Avecque l' berger Endymion.

Car ell' n'intindot point l' risée,
Et j' réponds bien qu' si dins ch' musée
Ell' veyot tous ses meimbres nus,
Paul Duthoit ne r'queminch'rot (*) pus.

I faut t' dir' qu'un jour, min compère,
Ell' nageot su' l' dos, dins l' rivière,
Quand, par hasard, pour sin malheur,
Actéon, jeune et brav' chasseur,
Pass' par là, vot nager cheull' femme,
Et fait, chin qu' j'aros fait mi-même....
I vett'.... Cheull' déesse in fureur,
Et prétindant r'vinger s'n honneur,
In cerf, aussitôt, cange ch'l homme;
Avec des cornes, Dieu sait comme !
Ell' le traite d' roi des vauriens
Et l' fait dévorer par des quiens. »

Assez, assez, que j' dis, compère,
Laichons là cheull' méchant' commère.
Si nous l' vettions, comm' cha, si tant,
Ell' nous in f'ra peut-ête autant.

(*) Ne recommencerait pas.

LE COCHON MALADE.

Air : Vive l'Crinoline ! (4° volume)

ou de

La Brouette.

(Noté. — N° 14.)

A Charles DE PRINS.

Parlez d'eun' drôl' de parade
Qu'on m'a raconté' ch' matin :
D'avoir sin cochon malade,
Un paour étot chagrin.
Pourtant, pernant du corache,
I quitte s' femme, et, tout d'bon,
I parte in pélérinache
A dije-huit lieu's de s' mason.

  Ah ! queull' drôl' d'histoire !
  Quand on l' racont'ra,
  On n' vodra point l'croire,
  Mais tout l' monde rira.

A saint Antoine i s'adresse,
I li dit : O saint patron,
Aïez pitié de m' tristesse,
Vit', guérichez min cochon.
Si j' vos ch' compagnon fidèle,
Dins qéqu' temps ragaillardi,
Su' m' quemeinnée, eun' candelle
Brûl'ra pour vous chaq' saim'di. »

  Ah ! queull' drôl' d'histoire !
  Quand on l' racont'ra,
  On n' vodra point l' croire,
  Mais tout l' mond' rira.

Aïant répété s' promesse,
Mill' fos, comme un bienheureux,
Pindant l' temps qu'a duré l' messe,
I r'parte d'un air joyeux,
In s' dijant tout l' long de l' route :
« Saint Antoine est bon garchon,
I n' vodra point, coût' qui coûte,
Laicher morir min cochon. »

  Ah ! queull' drôl' d'histoire !
  Quand on l' racont'ra,
  On n' vodra point l' croire,
  Mais tout l' mond' rira.

Tout va bien, l' diable s' tracasse,
I n'aim' que les jus brouillés.
I souffle eune idé' cocasse
A l'orell' des marguelliers.
Chés gins s' ditt'nt : « Nos saints, nos saintes
Sont vieux, délabrés, cassés ;
Nous les mettrons dins les vintes,
Pour in racater des nués. »

    Ah ! queull' drôl' d'histoire !
    Quand on l' racont'ra,
    On n' vodra point l' croire,
    Mais tout l' mond' rira.

Presque aussitôt, saint' Cath'rine,
Saint Piat, saint Roch et sin quien,
Saint Antoine et saint' Christine,
Sont vindus quasi pou' rien,
A des marchands qui, sans gêne,
Et profitant d' l'occasion,
Les mett'nt, pour servir d'einseinne,
A l' façade d' leu mason.

    Ah ! queull' drôl' d'histoire !
    Quand on l' racont'ra,
    On n' vodra point l' croire,
    Et tout l' mond' rira.

Su'. ch' temps-là, l'hómm' du villache,
A vu morir sin cochon.
I s' soûle, et, tout brayant d' rache,
I parte avec sin bâton,
Pour aller cacher dispute
A Saint Antoine!... Mais le v'là
Tell'mint surpris, qu'i culbute,
Veyant que l' Saint n'est pus là !

  Ah ! queull' drôl' d'histoire !
  Quand on l' racont'ra,
  On n' vodra point l' croire,
  Mais tout l' mond' rira.

In s' pourmenant comme eun' coinne, (*)
Comme un grand Colas qu'il est,
Min paçant vot Saint Antoine
A l' façad' d'un cabaret.
I li dit tout in colère :
« Ah ! te v'là ! soulard ! capon !
Attinds, j' vas faire t'n affaire.... »
I l' casse à grands cops d' bâton.

  Ah ! queull' drôl' d'histoire !
  Quand on l' raçont'ra,
  On n' vodra point l' croire,
  Mais tout l'mond' rira.

(*) Godiche, imbécile. *Colas* à la même signification.

Au bruit qui s' fait, l' cabar'tière
Sorte pour vir chin qu'i n'y-a,
Trouvant l'einseinne in poussière,
Ell' dit : « Fieu, faut m' payer cha ! »
Mais quand elle vot que l' jocrisse
N'acout' point cheull' bonn' raison,
Elle invoi' quèr' la police,
Et l' fait conduire au violon.

    Ah ! queull' drôl' d'histoire !
    Quand on l' racont'ra,
    On n' vodra point l' croire,
    Mais tout l' mond' rira.

Là, min païsan s' dessoûle,
Et, d'vant les guets (*) rassemblés,
A l' cabar'tière, il aboule (**)
Les vingt francs qu'elle a d'mandés.
I r'parte, et quand i vot s' femme,
I dit, pou' s' consolation :
« Cha m'a coûté quer tout d' même,
Mais j'ai r'vingé min cochon ! »

    Ah ! queull' drôl' d'histoire !
    Quand on l' racont'ra,
    On n' vodra point l' croire,
    Mais tout l' monde rira.

(*) Sergents-de-ville.
(**) Donne.

LA FUNQUÉE.

du Petit Sergent sans moustaches (3ᵉ volume)

ou des

Chansons du Carnaval.

(Noté. — Nº 13.)

> V'là deux chints ans qu'elle existe
> Et j' dos l' dir', chin qui m' surprind,
> Ch'est qu' jusqu'à ch't heur', nul artiste
> N'a donné sin signal'mint.
> N'intindant rien à l' peinture
> A l'huile, avec un pinceau,
> Du mieux que j' peux, j'vous l'l'assure,
> In couplets j'in fais l' tableau.

Avecque m' femm' bien r'quinquée,
I m'a pris l'einvi' l'aut' jour,
D'aller jusqu'à La Funquée,
In d'visant, faire un p'tit tour.
In r'veyant cheull' vieill' guinguette,
Min cœur a sauté d' plaisi,
Et m' femm' qui marche à crochette,
M'a dit : « Fieu, r'posons-nous-y ! »

Infants, ch'est mi qui vous l' dis,
    D' La Funquée
    L' plache est marquée
Dins l'histoire d' no' pays.
Awi, ch'est mi qui vous l' dis.

Accepté, que j' dis tout d' suite.
A peine intrés, nous veyons
Eun' boutique, ùch' qu'on débite
Du gambon, et les portions
Ont vraimint bonne appareince ;
J'in sins l'goût et même l' jus...
Mais chaq' trainque (¹) est tell'mint mince,
Qu'ell' s'invole in soufflant d'sus.

Infants, ch'est mi qui vous l' dis,
    D' La Funquée
    L' plache est marquée
Dins l'histoire d' no' pays.
Awi, ch'est mi qui vous l' dis.

Du reste, dins cheull' boutique,
On sert, à prix modérés,
Et suivant l' goût de l' pratique,
Du lait, des p'tits pains fourrés,

(¹) Tranche.

Mêm' du vieux fromach' d'Hollande,
Et de l' bonn' moutarde avec....
N'y-a-t-i point là, j' vous l' demande,
D' quoi continter un glout biec ? (*)

Infants, ch'est mi qui vous l' dis,
   D' La Funquée
  L' plache est marquée
Dins l'histoire d' no' pays.
Awi, ch'est mi qui vous l' dis.

Pus d' quarant' famille, à table,
De s' régaler sont in train,
Buvant de l' bière agréable,
Servie in canett's d'étain,
In mêm' temps qu' chés biaux p'tits verres
Des cabarets d'auterfos,
Qui maintienn'tent l' goût des bières,
Pa' c' qu'on les vid' d'eun' seul fos.

Infants, ch'est mi qui vous l' dis,
   D' La Funquée
  L' plache est marquée
Dins l'histoire d' no' pays.
Awi, ch'est mi qui vous l' dis.

(*) Glouton, fin bec.

Si l'homm' fait, mêm', si l' vieillèsse
Peut trouver là, d' l'agrémint,
Ch'est bien aut' coss' pou' l' jeunesse !
Tout est fait pou' s'n amus'mint.
Des garchons jutt'nt à l' galoche,
Des fillett's jutt'nt à courir,
Et l' pus grand nombre s' baloche
A l' corde, à s'in fair' morir.

Infants, ch'est mi qui vous l' dis,
   D' La Funquée
  L' plache est marquée,
Dins l'histoire d' no' pays.
Awi, ch'est mi qui vous l' dis.

Mais l' ju tout-à-fai' à l' mode,
Ch'est l' fameux ju du ramon.
Vous in connaichez l' méthode :
Garchons, filles s'tiennent in rond.
Comme, au ramon, quand on s' butte, (*)
On est forché d' se retirer,
On rit, car, pus d'un culbute,
In n' volant point l' culbuter.

(*) C'est-à-dire quand on se heurte au *ramon* (balai) et qu'on le fait tomber.

Infants, ch'est mi qui vous l' dis,
  D' La Funquée
  L' plache est marquée
Dins l'histoire d' no' pays.
Awi, ch'est mi qui vous l' dis.

Infin, mes gins, quoi vous dire ?
D'avoir vu femme', homme', infants,
Passer là des heure' à rire,
Cha m'a rajeuni d' vingt ans.
Et m' vieill' gra'mère', in goguette,
Aïant perdu s'n air ruchon,
Marchant sans l'aid' de s' crochette,
In route a di' eun' canchon.

Infants, ch'est mi qui vous l' dis,
  D' La Funquée
  L'plache est marquée
Dins l'histoire d' no' pays.
Awi, ch'est mi qui vous l' dis.

LE PANORAMA

DE LA BATAILLE DE BAPAUME.

PASQUILLE.

Non, j' n'ai jamais vu rien qui m'a
Tant r'mué que ch' Panorama.
J' n'in r'viens point, j' in perdrai m' caboche
J'ai vu là, sans leunett' d'approche,
Tout Bapaume, Avesne', Ervillers,
Achiet-l'-Grand, Tilloy, Biefvillers ;
Pus lon, Mory, biau p'tit villache
Qu' j'ai parcouru dins min jeune ache,
Et d'aut's indrots, qu' j'avos point vus
D'puis fort longtemps, et qu' j'ai r'connus,
Quoiq' de l' neige y rimplache d' l'hierbe.

J'ai vu là l' général Faidherbe
In avant de s'n état-major,
Et, d'vant mes yeux, il est incor.
I paraît tout aussi tranquille,
Qu'eun' fillette infilant s'n aiwille.
Et pourtant, dins l' cœur, à ch' moumint,
Il avo' un grand contint'mint,

Puisqu'i v'not d' donner à la France
Eun' preuv' de savoir et d' vaillance,
In r'poussant d' Bapaum' les Prussiens...

Chés All'mands, nos enn'mi' anciens,
N'ont point là, du tout, l'air à l' noce,
Et, vraimint, n'ont pus rien d' féroce.
J'in vos donnant des cops d' fusil,
Mais l' pus grand nombre a l' déplaisi,
Ch'est à croir', du moins, d' batte in r'traite,
Sans musiq', tambour, ni trompette...
Et Von Gœben, leu général,
N'a point non pus l'air d'ête au bal ;
On vot facil'mint qu'i marronne...
Tout près d' li, su' l' route de Péronne,
On r'marque un tableau désolant :
Des blessé' au r'gard suppliant,
Sont intassés sur eun' carette...
Ch'est des Prussiens !... Quand on les r'vette,
On n' vot qu' des homme', on s'attendrit,
Chacun détourne s' vue et dit :
« Ah ! queull' triste affair' que la guerre ! »
Mi, quand j' pinse qu' personn' n'espère
Qu'un jour on s'in débarrass'ra,
Qu'au lieu de s' morde, on s'imbrass'ra,
Je r'pousse m' pinsée au pus vite,
Pour calmer min cœur qui s'agite.

Mais r'parlons du Panorama.
Il faut bien vous dir' qu'on vot là
Des vrai's masons, des vrai's fabriques
Faites d' mortier, d' chimin' et d' briques,
Des vrais abres, des vrais caissons,
Des vrais casques, fusils, canons,
Et qu' chés mêm's séquoi' in peinture,
Sont si bien rindus, si nature,
Qu'on n'peut distinguer l' vrai du faux.
Ch'est vous dir' qu'i n'y-a point d' défauts.
On vot l' fourbou d' Arras qui brûle :
Eh ben ! qu'on m' traite d' vieux crédule,
Et d' vieux balou ! pour un moumint,
J'ai pinsé qu' cha brûlot vraimint.
Et l' beffro d' Bapaum'! queull' merveille !
On raconte ch'l histoir' fort bielle,
Qu'un corbeau, volant s' délasser,
A tenté six fos d' s'y r'poser..

Infin, ch'est eun' cosse admirable,
Et sur tout point incomparable.
Chacun l' pinse, un chacun l' dira
Et personne n' s'in dédira.
A Dumarescq, Armand, l'artiste
Qui nous a fait ch' tableau fort triste,
Mais tout aussi glorieux, sûr'mint,
J'invoie un grand grand complimint.

GEORGETTE.

Air de l'Héritier (4ᵉ volume).

(Noté. — Nº 23.)

Vieux, l'jeunesse est toudis bielle,
Du moins cha s' dit tous les jours.
Avec bonheur, on s' rappelle,
Surtout ses premièr's amours.
Mi, là-d'sus, n'y-a rien qu' je r'grette.
Tout au contrair', min passé
M' rappelle eun' nommé' Georgette
Et min cœur est oppressé.

  Queull' drôlesse !
  Queull' diablesse !
N'aïant point l'air d'y toucher,
Qu'elle a su m' faire inrager ! (*Bis*)

Jugez : v'là ses infilades :
Quand ell' passot d'vant m' mason,
Ell' me lançot des œillades...
Mi, pernant cha pour tout d' bon,
Eun' fos, j' vas li fair' l'annonce
De m'n amour, car j 'in souffros.
Avant de m' donner s' réponse,
Ell' m'a fait languir six mos.

  Queull' drôlesse !
  Queull' diablesse !
N'aïant point l'air d'y toucher,
Qu'elle a su m' faire inrager ! (*Bis*).

Les dimanche', à la badine,
Pus tard, j'allos l' pourmener.
Queu supplic' pour mi ! l' matine
N' pinsot qu'à s' faire einœiller.
Espérant qu'on l' trouv'rot bielle,
Ell' vettiot d' tous les côtés,
Sauf du mien.... J' n'étos pour elle
Qu'un moutreu d' curiosités.

  Queull' drôlesse !
  Queull' diablesse !
N'aïant point l'air d'y toucher,
Qu'elle a su m' faire inrager ! (*Bis.*)

Elle étot fièr' comme eun' reine,
Quand un muscadin, un lion,
Autant pour rir' de s' dégaine,
Sur ell' fixot sin lorgnon.
Elle li faijot s' pus biell' mine,
Ell' se torteinnot tell'mint,
Qu' sin gros pouf in crinoline,
D'eun' navett' faijot l' mouv'mint.

  Queull' drôlesse !
  Queull' diablesse !
N'aïant point l'air d'y toucher,
Qu'elle a su m' faire inrager ! (*Bis*)

Et quand nous êtime' à rire
Avec des joyeux chochons,
A min tour, cha va sans dire,
J' cantos des drôl's de canchons.
On m'applaudichot sans cesse,
On m' donnot souvint des bans ;
I n'y-avot que m' sott' maîtresse
Qui restot les bras ballans.

  Queull' drôlesse !
  Queull' diablesse !
N'aïant point l'air d'y toucher,
Qu'elle a su m' faire inrager ! (*Bis*)

Au bal, ch'étot l' même affaire.
Là, combien d' fos qu' j'ai gémi !
Quand ell' consinto' à faire
Eun' petit' danse avec mi,
J'aros volu m' vir au diable,
Car ell' réservot toudis
Ses biaux mots et s'n air aimable
Pou' l' cavalier vis-à-vis.

  Queull' drôlesse !
  Queull' diablesse !
N'aïant point l'air d'y toucher,
Qu'elle a su m' faire inrager ! (*Bis*)

Quand j'ai fini par li dire,
Un jour, tout chin que j' pinsos,
A m' barbe, ell' s'a mi' à rire...
Vous s' doutez comme j' bisquos !
« Franços, qu'ell' m'a dit bien vite,
Vous m'avez tout l'air d'un sot :
Quand on n' se plaît point, on s' quitte..
Tristemint, j' l'ai pris' au mot.

  Queull' drôlesse !
  Queull' diablesse !
N'aïant point l'air d'y toucher,
Qu'elle a su m' faire inrager ! (*Bis*)

LES LIÈVRES.

Air de l'auteur.

(Noté. — N° 24.)

Dins no' ville, il existe
Des homme' in société,
  Pleins d' gaîté ;
Au mitan d'euss', l'homm' triste,
S'rot vu comme eun' rar'té.
Les Lièvre', on les appelle,
Mais l' sont-i comm' leu nom ?
A l' vérité, fidèle,
J' réponds : « Chint mill' fos, non ! »

Quand on a vu les *Lièvre'*, un chacun ri' et dit :
Ah ! mon Dieu ! qu' les *Lièvre'* ont d' l'esprit (*Bis*)

In buvant leu canette,
In cantant d'un bon cœur,
Un biau chœur,
I sont bien sûrs de s' mette
Tout d' suite in bielle humeur.
Sans mêm' savoir eun' note, (*)
Tous chés joyeux chochons
Répèt'nt l'un après l'aute,
Les pus nouviell's canchons.

Quand on a vu les *Lièvre'*, un chacun ri' et dit :
Ah ! mon Dieu qu' les *Lièvre'* ont d' l'esprit ! (*Bis*)

Quoique, in chœur', i sont riches,
On n' les vot point courir
Concourir.
I n' sont point si godiches
D' s'in aller s' fair' roustir.
Ch'est l' pus bonn' des manières,
Pou' n' point vir, (car cha s' vot),
Donner à des confrères,
Un prix qui leu r'viendrot.

Quand on a vu les *Lièvre'*, un chacun ri' et dit :
Ah ! mon Dieu ! qu' les *Lièvre'* ont d' l'esprit ! (*Bis*)

(*) Cette société a cela de particulier qu'elle est composée d'ouvriers étrangers à l'art musical ; que son fondateur, M. Henri Poulle, qui l'a dirigée jusqu'à sa mort, était lui-même un simple ouvrier et qu'il ne lui a jamais fait exécuter que des chœurs de sa composition, paroles et musique.

Leu pus grand' jouissance
Ch'est quand un malheureux,
    Jeune ou vieux,
Vient d'mander l'assistance
D' leu savoir si joyeux.
Un p'tit concert bachique
Est aussitôt monté,
Et l' profit, cha s'esplique,
Au pauv' diable est porté.

Quand on a vu les *Lièvre'*, un chacun ri' et dit :
Ah ! mon Dieu ! qu' les *Lièvre'* ont d' l'esprit ! (*bis*)

    Quand i n'ont pus d' haleine,
    On vot chés bons vivants,
        In deux temps,
    Passer, sans s' fair' trop d' peine,
    Dins l' camp des *vétérans*.
    Ch'est qu' cheull' biell' vétérance,
    On peut bien l' dir' tout haut,
    Quand i faut fair' bombance,
    Est l' première à l'ussaut.

Quand on a vu les *Lièvre'*, un chacun ri' et dit :
Ah ! mon Dieu ! qu' les *Lièvre'* ont d' l'esprit ! (*Bis*)

Roucouler, rire et boire,
Sans fair' su' les absents,
Des cancans,
In quéq's mots, v'là l'histoire
D' tous chés Rogers-Bontemps.
Qu' avecque s' vilain' frime,
L' chagrin vienn' les trouver,
In poursuivant ch' régime,
Pour sûr, i l' f'ront sauver.

Quand on a vu les *Lièvre'*, un chacun ri' et dit :
Ah! mon Dieu! qu' les *Lièvre'* ont d' l'esprit! (*Bis*)

DÉMOLITION DU BEFFROI DE LILLE (*)

PASQUILLE.

J'ai r'vu min vieux beffro,
Et, d' saisiss'mint, d' plaisi, j'ai v'nu tout frod.

   Pauv' beffro, n'aïant rien d'antique,
   On l'accablot toudis d' critique.
   J'intindos dire à tout moumint :
      « Queu drôl' de monumint !
In vérité, ch'est un balot d' fabrique ! »

A ch't heur', jugez, mes gins, si ch'est comique,
   In m' présince, au Palais-Rameau,
   Pus d' vingt fo', on l'a trouvé biau.

   Ah ! drôl's de gins qu' nous sommes !

Il a l' sort, après tout, des hommes
Qui, d' leu vivant, n' sont point considérés,
   Et qu'on honore après.

(*) Dessin à la plume d'Ed. Bolduduc. Ce dessin actuellement placé au musée de Lille, a figuré à l'exposition des Beaux-Arts qui a eu lieu au Palais-Rameau en 1881.

L'ALCAZAR.

Air de l'auteur.

(Noté. — N° 25.)

Quand l' Nouvielle-Avinture (*)
Par un jour, a culbuté,
Tout Lillos, j' vous l' l'assure,
S'a sintu l' cœur attristé,
Mais de ch' malheur, on s' console,
Tout d'puis qu'un établiss'mint,
L'*Alcazar*, ju' tout l' mêm' rôle,
Et donne autant d'agrémint.

L'Alcazar (*Bis*)
Est eun' superbe guinguette !
J' l'ai dit vingt fos, je l' répète,
N'y-a point d' cha null' vart. (**)

(*) Célèbre guinguette démolie en 1861.
(**) Nulle part.

Les dimanche' ordinaires,
Dins l' gardin, des jeun's, des vieux,
Des famill's tout intières,
S'y divertit'nt on n' peut mieux.
Su' l' temps qu' les homm's sont à boire,
Et les bonn's femm's à d'viser,
Au trapèze, à l' balochoire,
Les jeun's gins vont s' trimousser.

L'Alcazar (*Bis*)
Est eun' superbe guinguette !
J' l'ai dit vingt fos, je l' répète,
N'y-a point d' cha null' vart.

On a l' bièr' par canette,
Comm' par chope, à volonté.
Ch'est dir' que d' cheull' guinguette
On n' fait point payer l' biauté.
Au lieu d' chés sal's alleumettes
Qui nous forch'nt à fair' *cric crac* !
Là, l' feumeu trouv' des vaclettes
Pour alleumer sin toubac.

L'Alcazar (*Bis*)
Est eun' superbe guinguette !
J' l'ai dit vingt fos, je l' répète,
N'y-a point d' cha null' vart.

Dins l' sall' grande et jolie
Et peinte in brillant's couleurs,
　On juera l' comédie,
Quand ou ara des acteurs.
Là, rien n' se fait par routine,
Comm' mi, vous l' direz, ch'est clair,
In veyant qu'on y patine
In été comme in hiver.

　　L'Alcazar (*Bis*)
Est eun' superbe guinguette !
J' l'ai dit vingt fos, je l' répète,
　N'y-a point d' cha null' vart.

Ch'est là qu'à chaq' grand' fiête,
Certaine d' bien s'amuser,
　Joyeusse, in biell' toilette,
Tout l' jeuness' s'in va danser.
In veyant comm' tout cha saute,
Tourne et court d'un air joyeux,
On a l' cœur qui s' ravigotte... —
Quand on a l' malheur d'êt' vieux.

　　L'Alcazar (*Bis*)
Est eun' superbe guinguette !
J' l'ai dit vingt fos, je l' répète,
　N'y-a point d' cha null' vart.

D'un biau fu d'artifice,
On a souvint l'agrémint,
A minuit, l'heur' propice
Pour se r'poser un moumint ;
Car des garchons, des fillettes,
L' cœur alors est pus brûlant
Qu' les pétards et les baguettes,
Et mêm' que l' bouquet brillant.

L'Alcazar (*Bis*)
Est eun' superbe guinguette !
J' l'ai dit vingt fos, je l' répète,
N'y-a point d' cha null' vart.

Faudrot faire eun' gazette,
Pour vous dir' tout chin qu'on vot
Dins cheull' fameuss' guinguette,
Même, incor, on oblirot
Pus d'un p'tit point de r'semblance...
Avant de m' tair', mi, j' vous dis
Qu'on arot vraimint de l' chance
D'êt', comm' là, dins l' Paradis.

L'Alcazar (*Bis*)
Est eun' superbe guinguette !
J' l'ai dit vingt fos, je l' répète,
N'y-a point d' cha null' vart.

LE RÉVEILLON.

Air. Vive l' Crinoline (4ᵉ volume)
ou de
La Brouette.

Noté — Nº 14.)

Mi, pus triste, d'ordinaire,
Qu'un cloquer sans carillon,
Comm' malgré mi, j'ai dû faire
Avec plaisi, l' Réveillon.
Et d'puis ch' moumint-là, l' tristesse,
Bisquant de s' vir juer l' tour,
M'a fait, mes gins, l' politesse
De n' jamais pus m' dir' bonjour.

  L'an qui vient, j'espère,
  Joyeux compagnon,
  Povoir incor faire
  Gaîmint l' Réveillon.

L'affair' s'a passé' d' cheull' sorte :
Il étot passé minuit,
Je m' coucho'... on buque à m' porte...
J'ouvre... à min voisin qui m' dit :
« Nous somm's treize à table... et m' femme,
Qui crot tous chés bétiss'-là,
Vous pri' d' faire l' quatorzième !...
— Je n' povos point r'fuser cha.

  L'an qui vient, j'espère,
  Joyeux compagnon,
  Povoir incor faire
  Gaîmint l' Réveillon.

In deux temps j'ai fait m' toilette,
Et j'arriv' chez mes voisins.
D'un air contint, chacun m' vette,
In riant, claquant des mains.
Eun' parell' gaîté m' étonne,
Elle avot pourtant s' raison :
Obliant d' mette m' maronne,
Là, j'étos v'nu in cainn'çon.

  L'an qui vient, j'espère,
  Joyeux compagnon,
  Povoir incor faire
  Gaîmint l' Réveillon.

J' veux partir !... chacun m'arrête,
Dijant : « Compère, halte-là !
Vite à table, l' soupe est prête,
Bah ! vous êt's fin bien comm' cha... »
— J'ai frod, que j' finis par dire, —
Mais l' femm' du voisin m' répond :
Somm's-nous poin' ichi pour rire !..
J' vas vous prêter un jupon.

  L'an qui vient, j'espère,
  Joyeux compagnon,
  Povoir incor faire,
  Gaîmint l' Réveillon.

J' reste, et j' fais chin qu'ell' désire :
On m' plache, à table, à côté
D'eun fill' qu'on appell' Zémire,
Et qu' chacun r'nomm' pou' s' gaîté.
Jugez tertous de s' malice :
A l'orelle ell' me dit : « Bon !
J' pari' qu' ch'est par avarice
Qu' vous n' portez pus d' patalon. »

  L'an qui vient, j'espère,
  Joyeux compagnon,
  Povoir incor faire
  Gaîmint l' Réveillon.

A d'mi-voisse, à cheull' luronne,
J' réponds comm' cha, tout maingeant :
« Fill', vo' raison n'est point bonne,
J' poros vous in dire autant. »
Ell' ri' à dev'nir malade...
Pernant tout su' ch' ton joyeux,
Quand on a servi l' salade,
J'étos déjà s'n amoureux.

  L'an qui vient, j'espère,
  Joyeux compagnon,
  Povoir incor faire
  Gaîmint l' Réveillon.

Heureux tout autant qu' Zémire,
A deux gais comm' des pinchons,
Quand tout l' monde a parlé d' dire
Des joyeux couplets d' canchons,
Pinsez, mes gins, si ch'est elle,
Pinsez si ch'est sin gadru,
Qui s'a fait tirer l'orelle !...
Nous arìm's canté dins l' fu !

  L'an qui vient, j'espère,
  Joyeux compagnon,
  Povoir incor faire
  Gaîmint l' Réveillon.

Cristi ! mes amis, queull' fiête !
Jusqu'à huit heur's du matin,
On a canté à tu-tiête,
Jamais j' n'ai vu parel train.
Personne n' s'a fait de l' bile :
In l'honneur du P'tit-Jésus,
On a maingé de l' coquille
Avec de l' compote d'sus.

  L'an qui vient, j'espère,
  Joyeux compagnon,
  Povoir incor faire,
  Gaîmint l' Réveillon.

LE SAMEDI DANS LE NORD.(*)

PASQUILLE.

J' n'ai jamais vu Monsieur Wallet,
Mais j' sais bien d' queu pays qu'il est,
Et j' gag'ros qu'i fait des études,
Pour bien connoit' les habitudes
Des gins de Flandre, no' biau pays.
I suffit, pour êt' de m'n avis,
D'aller pourmirer l' biell' peinture,
   Si nature,
Qu'il a fait du « *Saim'di dins l' Nord,* »
   Sans effort.

Ch' tableau r'présinte eun' jeun' méquainne,
D'eun' tall' qui dépasse l' moyenne.
Elle a des ch'veux couleur chatain,
Des yeux qu'on n'vot point, un biau teint,
Des bras, point gros, mais pleins d' vigueur.
Elle a bien les habits d' rigueur :
Caraco d'eun' couleur passée,
Jusqu'au coud', chaq' manche r'troussée,

(*) Titre d'un tableau de M. Ch. Wallet, de Valenciennes.

Moucho d' cou, jupon, écourcheu
In toile bleusse, et par un nœud
      Serré derrière...
Ah ! qu' cheull' servante a bonn' manière
A récurer sin cauderlat !
On dirot qu'ell' livre un combat
A ses cass'rol's, caudron, bouilloire,
Cand'lers, marabout, bassinoire,
A tout l' batt'ri' d' cuisine, infin.
I faut l' vir avec sin tortin
D' pall', comme elle est animée !
Non, jamais général d'armée
Ne l' s'ra puq' qu'ell', même au fort d'un assaut !

Cheull' toile m' paraît sans défaut...
— Quéqu'un m' dit qu'ell' manq' d'éclairache.—
Il est incor à v'nir, l'ouvrache,
Qui s'ra, d' tertous, r'connu parfait...
Pour mi j' trouve ch' tableau bien fait,
Pa'c' qu'il est eun' peintur' fidèle,
Non point tant seul'mint du modèle
      Que l' peintre a pris,
Mais d'eun' coutume d' min pays.

UNE FEMME QUI PRISE.

Air de l'auteur.

(Noté. — N° 26.)

On n' se fait point, comm' dit m' gra'mère,
On s' trouv' tout fait ; mi, par malheur,
Je n' peux point m'espliquer ch' mystère,
L'odeur du s'nu m' donn' des mas d' cœur.
Aussi, quand j' fréquentos Charlotte,
Pour mi savoir sin sintimint,
Tout in d'visant d'eun' cosse et d'aute,
J'avos soin d' répéter souvint :

« Ne m' parlez point d'eun femm' qui prisse !
Obligé d' vive à sin côté,
   Ch'est un supplice,
Ch'est un supplic', pou' s'n homme, in vérité. »

Ell', comme l' gendarme Pandore,
Trouvot toudis qu' j'avos raison,
Souvint, même, ell' dijo' incore
« J' déteste cha comm' du poison. »
Aussitôt marié', (quand j'y pinse,
Vraimint cheull' femm'-là n'a point d' cœur,)
V'là qu'ell' m'apprind, par l'espérieince,
Qu'ell' prisot comme un vieux sapeur.

Ne m' parlez point d'eun' femm' qui prisse !
Obligé d' vive à sin côté,
   Ch'est un supplice,
Ch'est un supplic', pou' s'n homme, in vérité.

In veyant cha, j' li fais des r'proches.
Ell' me répond, tout in r'chignant :
« Parol' d'honneur, te décaroches ! (*)
Priser, ch'est min plaisi l' pus grand.
Si te m'in parle' incor, Patrice,
Te n' s'ras, pour mi, qu'un sot fieffé.
Putôt qu' de m' priver de ch' caprice,
J' laich'ros tout là, mêm' du café. »

Ne m' parlez point d'eun' femm' qui prisse !
Obligé d' vive à sin côté,
   Ch'est un supplice,
Ch' est un supplic', pou' s'n homme, in vérité.

(*) *Décarocher*, déraisonner.

On dirot qu'on m' donne un cop d' sabre
Quand j' vos qu'ell' prind, vrai comm' je l'dis,
Eun' sal' boîte in écorche d'abre,
Qu'on appelle, j' cros, *queu' d' soris*.
Ell' tient d'eun' main cheull' toubaquière ;
Ell' met sin gros nez par-dessus ;
Cha fait qu'in se r'passant l' affaire,
I n'y-a presque point d' grains d' perdus.

Ne m' parlez point d'eun' femm' qui prisse !
Obligé d' vive à sin côté,
   Ch'est un supplice,
Ch'est un supplic', pou' s'n homme, in vérité.

Ah ! t'nez, bien souvint, je m' dépite,
Et j' pinse à m' mette eun' corde au cou,
Quand j' réfléchis que ch' l'hypocrite,
M'a pris dins s'n attrape à balou.
J' l'aros déjà coiffé' d'eun' giffe,
Si j' n'étos point si bon infant,
Quand j' l'intinds fair', quand elle r'niffe,
D'un vieux baudet, qui brait, l' boucan.

Ne m' parlez point d'eun' femm' qui prisse !
Obligé d' vive à sin côté,
   Ch'est un supplice,
Ch'est un supplic', pou' s'n homme, in vérité.

Mais, j'aim'ros tant d' fair' bon ménache !
Quéq'fos, j' m'importe, et puis j' m'in veux,
Tout in m' dijant : « Allons, corache,
Cha n' vaut mi' rien d'êt' si nactieux !... »
Du dégoût, si je m' débarrasse,
Min cœur est tout émoustillé,
Mais, crac ! aussitôt que j' l'imbrasse,
D'eun' roupi' me v'là barbouillé.

Ne m' parlez point d'eun' femm' qui prisse !
Obligé d' vive à sin côté,
   Ch'est un supplice,
Ch'est un supplic', pou' s'n homme, in vérité.

UN HOMME QUI CHIQUE.

(Une femme qui prise, ayant entendu la chanson précédente,
en a fait la parodie qui suit.)

(Air noté N° 26.)

On n' se fait point, comm' dit m' gra'mère,
On s' trouv' tout fait ; mi, par malheur,
Je n' peux point m'espliquer ch' mystère,
Quand j' vos chiquer, j'ai des mas d' cœur.
Aussi, quand j' fréquentos Girotte,
Pour mi savoir sin sintimint,
Tout in d'visant d'eun' cosse et d'aute,
J'avos soin d' répéter souvint :

« Ne m' parlez point d'un homm' qui chique !
Obligé' d' vive à sin côté,
   Ch' n'est point comique,
Ch' n'est point comiq', pou' s' femme, in vérité. »

Li, comme l' gendarme Pandore,
Trouvot toudis qu' j'avos raison,
Souvint, même, i dijo' incore
« J' déteste cha pir' que l' poison. »
Aussitôt marié, (quand j'y pinse !
Ah ! vraimint, ch'est un homm' sans cœur),
V'là qu'i m'apprind, par l'espérieince,
Qu'i chiquot comme un vieux sapeur.

Ne m' parlez point d'un homm' qui chique !
Obligé' d' vive à sin côté,
   Ch' n'est point comique,
Ch' n'est point comiq', pou' s' femme, in vérité.

In veyant cha, j' li fais des r'proches,
Mais l' luron dit, tout in r'chignant:
« Parol' d'honneur, te décaroches !
Chiquer ch'est min plaisi l' pus grand.
Ah ! n' m'in parle pus, Mari'-Claire,
Aussi bien, j'ai pris min parti :
Putôt qu' de m' passer de ch'l affaire,
J' laich'ros tout là, mêm' du rôti ! »

Ne m' parlez point d'un homm' qui chique !
Obligé' d' vive à sin côté,
   Ch' n'est point comique,
Ch' n'est point comiq', pou' s' femme, in vérité.

J'aim'ros mieux r'chevoir eun' calotte,
Vrai, comm' je l' dis, putôt qu' de l' vir
Cafouiller (*) dins l' poch'. de s' capote,
Pour y trouver s' viell' blague in cuir.
I r'tire eune espèce d' carotte ;
Il l'infourne avec précaution ;
Alors i li pousse eun' gross' p'lote,
Comm' s'il étot pris d'eun' fluxion.

Ne m' parlez point d'un homm' qui chique !
Obligé' d' vive à sin côté,
   Ch' n'est point comique,
Ch' n'est point comiq', pour s' femme, in vérité.

Ah ! t'nez, bien souvint, je m' dépite,
Et j' pinse à m' mette eun' corde au cou,
Quand j' réfléchis que ch' l'hypocrite
M'a pris dins s'n attrape à balou.
J' li donn'ros volontiers des pronnes,
Si min cœur n'étot point si bon,
Quand, avec ses crachats tout gaonnes,
Il impoisonn' tout dins m' mason.

Ne m' parlez point d'un homm' qui chique !
Obligé, d' vive à sin côté,
   Ch' n'est point comique,
Ch' n'est point comiq', pou' s' femme, in vérité.

(*) Farfouiller.

Mais j'aim'ros tant d' fair' bon ménache !
Quéq'fos, j' m'importe, et puis j' m'in veux,
Tout in dijant : « Allons, corache !
Ch'est un luid défaut d'êt' nactieux. »
Si, du dégoût, je m' débarrasse,
Min pauv' cœur est tout sans-sous-d'sus,
Mais crac ! in mêm' temps qu'i m'imbrasse,
I m'imbarboulle avec du jus.

Ne m' parlez point d'un homm' qui chique !
Obligé d' vive à sin côté,
   Ch' n'est point comique,
Ch' n'est point comiq', pou' s' femm', in vérite.

UNE FERME A MONS-EN-BAROEUL (*)

PASQUILLE.

Desoblain, un peintre amateur,
Est l'auteur
D'un p'tit paysache
Qu'il a pris dins l' villache
D' Mons-en-Barœul,
Et qui prouve, app'lez cha d' l'orgueul
Si vous volez, qu' les invirons d' Lille,
No' grande et biell' ville,
N' sont vraimint point si laids qu'on l' dit
Et qu'on l' l'écrit.

Cha r'présinte, in partie, eun' ferme,
Avec eun' biell' petit' mason
A pignon,
Bien bâtie, in brique' et molons, (**)
Couverte in tuile et palle... et ferme
Su' ses fondations.

(*) Tableau de M. Desoblain.
(**) Moellons. C'est ainsi qu'on appelle, à Lille, la pierre de Lezennes.

A quéq's pas d'eun' porte d' derrière,
On vot l' fermière
Qui r'tir' de s'n écourcheu
Bleu
Des grainnes,
Qu'ell' jette à ses glainnes,
Pour les norrir...
Ch'est gai, vraimin', à vir.
Et puis, des abres d' tous les sortes,
Des grands, des p'tits... mais point d' feull's mortes,
Car ch'est l'été,
Et tout paraît là plein d' santé ;
Infin, au lon, et dépassant l' feuillache
Des abre', on vòt l' biau cloquer du villache.

LE FAUBOURG SAINT-MAURICE.

Air de l'auteur.

(Noté. — N° 27.)

Un biau fourbou, ch'est l' fourbou d' Saint-Meurice,
On irot long pour in vir un pus biau.
Aussi, mes gins, ch'est pour cha qu' j'ai l' caprice,
D' vous in r'tracer, du mieux que j'peux, l' tableau.
  A chacun, quittant l' porte,
   In s'y rindant, l'été,
  On dirot qu' l'air apporte
   Eun' provision d' gaîté.

  On peut dir' sans malice,
   Et sans s'abuser,
  Qu'au fourbou d' Saint-Meurice,
   N'y-a d' quoi s'amuser.

Parlons d'abord, du cabaret Labisse,
Puisqu'in intran', à gauche, il est l' premier.
Là, dins l' gardin, pour l'amus'mint, propice,
Des grands jus d' toque (*) on admire l' dernier.
  On y trouv' de l' bonn' bière,
   Et, coss' curieusse à vir,
  Un abre que l' tonnerre
   N'a point su démolir (**).

  On peut dir' sans malice,
   Et sans s'abuser,
  Qu'au fourbou d' Saint-Meurice
   N'y-a d' quoi s'amuser.

(*) Nous ne connaissons plus que deux jeux de *toque* à Lille; un grand, à l'estaminet Labisse; un petit à l'estaminet du *Chevalier-Français*, sis également au faubourg Saint-Maurice. Ces jeux tirent leur nom du verbe *toquer*, qui signifie heurter un corps dur contre un autre. Au jeu de toque, en effet, les palets en fer dont on se sert se heurtent fréquemment.

 Le grand jeu est une construction en bois de six mètres de long sur un demi-mètre de large environ. Sa partie supérieure, sur laquelle on fait glisser les palets avec la main, est recouverte d'une légère couche de sable; elle est entourée d'une rigole ou *fossé*. Les gagnants sont ceux dont les palets approchent le plus d'un but ordinairement indiqué par une ligne à la craie.

 Le petit jeu est également en bois. Sa partie supérieure, qui est aussi entourée d'une rigole et recouverte de sable, contient un certain nombre de petits piquets en fer destinés à augmenter les difficultés d'atteindre le but. On y joue, comme au billard, avec une queue en bois.

 Dans l'un et l'autre de ces jeux, les palets qui tombent dans le *fossé* ne comptent pas.

(**) On m'a fait remarquer que ce n'est pas la foudre, mais un ouragan qui, le 13 juin 1862, a failli détruire le magnifique marronnier dont il est ici question.

On peut compter, rien qu' dins l' ru' dés Guinguettes
Dix cabarets monté' on n' peut moins mieux.
J'intinds par là qu'on y trouv' des gloriettes
Et tous séquois qui rindent l' cœur joyeux.
  On peut juer à l' boule,
   Tirer d' l'arc au berceau (*);
  Et, quand i n'y-a point foule,
   Taper ferme au baigneau (**).

  On peut dir' sans malice,
   Et sans s'abuser,
  Qu'au fourbou d' Saint-Meurice
   N'y-a d' quoi s'amuser.

Comme on est bien, là, dins chés biell's gloriettes !
D'abord, on d'vise, on mainge un p'tit morciau,
Et quand on a vidié deux tros canettes,
On n' peut moins fair' que d' dire un r'frain nouviau.
  Che r'frain, chacun l' répète,
   Et l' plaisi prind s'n élan.
  Quand l' gai canteu s'arrête,
   Il a l'honneur d'un ban.

(*) C'est pour me conformer à l'orthographe généralement admise, même pour la rédaction des programmes officiels des fêtes publiques, que j'écris : *berceau*. Il ne s'agit pas, en effet, d'un berceau de verdure ou *gloriette*, mais d'un but pour tirer à l'arc ou à l'arbalète et, dans ce cas, il conviendrait d'écrire *bersault*, du vieux mot *bersailler* qui signifiait tirer des flèches.

(**) Le jeu de bégneau ou bègneau est une construction en bois ayant par sa forme quelque ressemblance avec un tombereau à bascule, qu'on appelait autrefois *bégneu* en Picardie, *bégneau* en Flandre.

On peut dir' sans malice,
    Et sans s'abuser,
Qu'au fourbou d' Saint-Meurice
    N'y-a d' quoi s'amuser.

Ch'est dins ch' fourbou, surtout dins les Dondaines,
Qu' des bons bourgeos d' no' ville, ont des gardins,
On les vot là, comm' des vrais homm's de peines,
Dins l' biell' saison, saquer tous les matins.
    Il est vrai qu' chacun pinse
    Au plaisi d' récolter...
    Mais, souvint, pus d'un rinse,
    Par nuit, va tout voler.

On peut dir' sans malice,
    Et sans s'abuser,
Qu'au fourbou d' Saint-Meurice
    N'y-a d' quoi s'amuser.

Mais les dimanche', avec leus p'tit's familles,
Qu'i sont heureux d' passer l'après-deinner !
Pour divertir leus p'tits fieux, leus p'tit's filles,
Comm' chés infant', on les vot s' trimousser.
    I jutt'nt au métier-maîte,
    Comm' des vrais sans-soucis,
    A l' Bleuss'-main, à l' Raquette,
    Aux Quat' coins sont-i vid's ! (*)

(*) Prononcez : *vi*.

On peut dir' sans malice,
 Et sans s'abuser,
Qu'au fourbou d' Saint-Meurice
 N'y-a d' quoi s'amuser.

Infin, ch' fourbou, j' vous in donn' l'assurance,
Peut, pou' l' plaisi, nous continter tertous.
Les pèr's-tranquill's, les amis de l' bombance,
Comm' l'amateur des bonn's tarte' à quat' sous,
 Surtout les jours de fiête,
 Qu'on danse à l'Alcazar,
 Cheull' superbe guinguette
 Comme on n'in vot null' vart.

On peut dir' sans malice,
 Et sans s'abuser,
Qu'au fourbou d' Saint-Meurice
 N'y-a d' quoi s'amuser.

LE MARIAGE DU P'TIT-QUINQUIN. (*)

Air du P'tit-Quinquin.

(Noté. — N° 28.)

Du fameux Quinquin, ch'l infant précoce,
Puisqu'on in parlot même au lain'ron,
J' vas, suivant l'usache, un jour de noce,
Raconter l'histoir' par eun' canchon.
    Bien lon d' tacher d' vous fair' braire,
    Je m' vant'rai, tout au contraire,
        D'avoir réussi,
  Si j' vous donne un p'tit peu d' plaisi.

      Tant qu'on s'amus'ra,
        Qu'on s' trimouss'ra,
        Qu'on rigol'ra,
    Et tant qu' Lill' dur'ra,
    D' Quinquin on parlera.

(*) Couplets chantés par M. Lortheur, au Théâtre des Variétés, dans la spirituelle et ingénieuse revue de notre concitoyen, M. Victor Couailhac, intitulée : *Psitt ! Psitt ! Allons-y !*

Quoiq' tout rimpli d'un esprit fort drôle,
Quinquin n'a rien fait pour êt' savant,
Car, au lieu d'aller, jeune, à l'école,
Trôs quat' jours sur six, i passôt d'vant.
    Il aimot mieux fair' queuette,
    Pour li juer à l' porette,
      A l' guisse, aux rongnons,
Avec des aut's gais compagnons.

    Tant qu'on s'amus'ra,
      Qu'on s' trimouss'ra,
      Qu'on rigol'ra,
    Et tant qu' Lill' dur'ra,
    D' Quinquin, on parlera.

Pus tard, dins les bals, fort sur la danse,
On l'l'appélot l' roi du rigodon,
Et pus d'eun' jeun' fill' veyant s' prestance,
Poussot des soupirs pou' ch' biau garchon.
    Là, des brun's, des blond's, des rousses,
    Etott'nt toudi' à ses trousses...
      Pein' perdu', l' farceux
N'avot point l'air d'ête amoureux.

    Tant qu'on s'amus'ra,
      Qu'on s' trimouss'ra,
      Qu'on rigol'ra,
    Et tant qu' Lill' dur'ra,
    D' Quinquin on parlera.

Mais quand il a rincontré Cath'rine,
Aussitôt sin cœur a palpité...
I s'a déclaré ! — Veyant s' biell' mine,
Cheull' bonn' fillett' n'a point résisté.
    Brav's infants ! dins leu ménache,
    Pleins d'amour et pleins d' corache,
      I n' s'ront point lambins
   A nous donner des p'tits pouchins.

    Tant qu'on s'amus'ra,
     Qu'on s' trimouss'ra,
      Qu'on rigol'ra,
   Et tant qu' Lill' dur'ra,
  D' Quinquin on parlera.

MAZEPPA. (*)

PASQUILLE.

Qui n' sait l'histoir' de Mazeppa ?
Loyé tout nu su' l' dos d'un q'va,
Comme au cirque on nous l'le r'présinte,
Pa'c' qu'i s'avot laiché surprinte,
Comme un balou, par sin patron
Jaloux de s' femme, l' pauv' luron,
Qui, dins l' moumint, n'étot point crainne,
A parcouru comm' cha l'Ukrainne.
Heureus'mint qu' là, des paysans
      Fort bons infants,
L'ont vu, criant : « Miséricorde ! »
Chés brav's gins, vite ont copé l' corde,
Dins leu mason l'ont bien soingné,
Bien hébergé, bien rhabillé,
Si bien qu'après, ch' n'est point des craques,
Il est dev'nu princ' des Cosaques.

Ch'est l' premier tableau qu' fait l' jeun' Thys.
D'un bon cœur nous li crions : Bis.

(*) Tableau de M. Gaston Thys. — Exposition de Lille, 1881.

LES PIPES GISCLON.

Air du Pana (4° volume.)
ou de
Mimile au Musée.

(Noté. — N° 6.)

Pou' l' commerce et pour l'industrie,
On sait qu'à Lille on est malin ;
On vante s' toile et s' teintur'rie,
Sin filache d' coton et d' lin ;
On parle dins l'Europe intière,
Du filé d' Lille au *P'tit-Tambour*;
Sin jus d'houblon, malgré l' Bavière,
S' fait chérir bien mieux d' jour in jour,

Mais rien n' peut dégoter le r'nom }
     De l' Pip' Gisclon. (*Bis*). } *Bis.*

Quand l' Prussien nous a fait la guerre,
Tous les brav's garchons d' no' pays,
Quoiq' tristes d' quitter père et mère
A l' première appell' sont partis.
Bien souvint, couchés su' la dure,
Mal habillés, forchés d' marcher

Sans même avoir pris l'norriture...
Malgré cha, n' volant point bronser,

Chacun trouvot s' consolation
   Dins l' Pip' Gisclon.

Aussi ch' fabricant volant faire
Honneur à tous nos jeun's soldats,
Qui s' sont fort bien tirés d'affaire
Dins tous nos malheureux combats,
A fait bien vite eun' pip' superbe
Qui r'présente on n' peut mieux, vraimint,
L' portrait d' leu général : Faidherbe !
Faut-i vous dir' qu'à Lill', seul'mint,

On a vindu pus d'un million
   De l' Pip' Gisclon.

Il a des sujets d' toute espèce
Et pour tous les goûts : V'là *Mangin !*
Un *Zouave*, eun' *Rosière*, eun' *Négresse*,
Un *Turc*, un *Cosaque*, un *Bédouin*,
Jocriss', *Pierrot*, *Porichinelle*,
Un *Aigle*, un *Chasseur* fort bien fait,
L' Vill' de Paris, vraimint fort bielle,
Un *Vieux Grognard*, vraimint fort laid !

Aussi dins chaque esposition
On a médaillé l' Pip' Gisclon.

L'infant trouv' là : *Cadet-Rousselle*,
L' chasseur, eun' *Levrette*, un biau *Lion*,
L' bon vivant, eun' *Chope*, eun' *Boutelle*,
Un indormi, l' *Bonnet d' coton* ;
Tout bon Français prind l'*Alsacienne*,
L' musicien prindra l' *Rossignol*,
L' jeun' luron, l' *Cocott' Parisienne*,
Et l'amateur de tours, *Auriol* !

On n' vant'ra jamais sans raison
   Les Pip's Gisclon.

Infin, ch'l homm' d'esprit vient d' nous faire
L' portrait du *Garchon d' Saint-Sauveur*,
Qui fait des canchons pour vous plaire,
Quand il a l' temps ! — Ch'est sin bonheur.
Veyant si bien croqué' s' figure,
Pus d'eun' fos rindu' si drol'mint,
Qu'i n' povot pus s' vir in peinture,
Et pour moutrer sin contint'mint,

Il a fabriqué cheull' canchon   ⎫
  Su' l' Pip' Gisclon. (*Bis*). ⎬ *Bis*.
         ⎭

L' GOHIÈRE.

CHANSON VALENCIENNOISE.

Air de l'auteur.

(Noté. — N° 29.)

A Valincienne', un luron
M'a fait mainger de l' Gohière.
Cré mâtin! qu' j'ai fait bonn' chère!
Ah! qu' j'ai trouvé ch' gâtiau bon !
Veyant cha, l' vieux pèr' Narcisse,
S'a mis vite à m' raconter
L'histoire d' cheull' friandisse,
Tell' que j' vas vous l' répéter.

Et v'là l'histoire, in canchon,
  De l' gohière,
  Tout intière,
Et v'là l'histoire, in canchon,
De l' gohière, ch' mets si bon.

Un homme app'lé Raparlier (*)
A mis cheull' bonn' tarte in vogue,
Pa'c' qu'i n' servot point de l' drogue,
Et que ch' fin particulier
Avòt, pinsez queull' malice!
Acaté par un biau jour,
Des saints d' bos, hors de service,
Afin d' mieux cauffer sin four.

Et v'là l'histoire, in canchon,
    De l' gohière,
    Tout intière,
Et v'là l'histoire, in canchon,
De l' gohière, ch' mets si bon.

Et pus tard, quand on s' plaingnot
De l' qualité de s' gohière,
I répondot d'eun' manière,
Qu'au lieu d' bisquer, on riot,

(*) La gohière, qui est mentionnée dans de vieux écrits, notamment par le poète Villon, dans son « Grand Testament », est en usage depuis plusieurs siècles dans le Hainaut français, mais c'est Raparlier qui, sous la Révolution, l'a mise en très grande vogue à Valenciennes. Son établissement, qu'il a cédé à *Grosse-Marie*, était situé au faubourg de Paris. L'époque à laquelle il vivait rend assez vraisemblables les anecdotes concernant le singulier bois qu'il a quelquefois acheté pour chauffer son four et que je reproduis telles qu'elles m'ont été rapportées.

Car, continuant l' carotte
Des saints d' bos, sans s' tracasser,
I dijot : « Ch' n'est point de m' faute,
J' n'avos point d' saints pour l' *pousser*.(*) »

Et v'là l'histoire, in canchon,
   De l' gohière,
   Tout intière,
Et v'là l'histoire, in canchon,
De l' gohière, ch' mets si bon.

L'établiss'mint d' Raparlier
Passe un jour à Gross'-Marie
Qui connaîchot, sans flatt'rie,
Incor mieux qu' li, sin métier.
In grand' foul' dimanche' et fiêtes,
On y veyot s'attabler
Gins mariés, garchons, fillettes,
Et d' grand cœur s'y régaler.

Et v'là l'histoire, in canchon,
   De l' gohière,
   Tout intière,
Et v'là l'histoire, in canchon,
De l' gohière, ch'mets si bon.

(*) On dit que la gohière, dont la farce est un composé de fromage mou, de fromage de Maroilles et d'œufs, n'est réellement bonne qu'autant qu'elle est convenablement *poussée*, c'est-à-dire gonflée au four comme l'omelette soufflée.

On avot biau, certain jour,
Vite, y courir quate à quate,
On d'vot là, comme au théâte,
Fair' qüeu' pour avoir sin tour.
Souvint ni banc, ni cayère,
Dins les gloriette', on n' trouvot ;
I faulot s'assir par tierre....
In pouffant d' rire, on l' faijot.

Et v'là l'histoire, in canchon,
   De l' gohière,
   Tout intière,
Et v'là l'histoire, in canchon,
De l' gohière, ch' mets si bon.

Mari' n'avot point l' cœur dur,
Mais queull' drôl' de paroissienne!
Si drôl', que dins Valincienne
On n' trouv' pus s' parell', ch'est sûr.
Rien qu'un trait d' sin caractère
Vous l' f'ra connoît' su' tout point :
Elle r'fusot de l' gohière,
A ch'ti qui n' li plaijot point.

Et v'là l'histoire, in canchon,
   De l' gohière,
   Tout intière,
Et v'là l'histoire, in canchon,
De l' gohière, ch' mets si bon.

A s'n égard, jamais, pourtant
N'y-avot d' concurrenc' possible,
Et, vraimint, ch'est fort risible.
Un d' ses confrèr's, bon marchand,
Qu'on appélot Derombie,
Vis-à-vis d'elle a resté,
Et, malgré s' manièr' polie,
I s'a quasimint ruiné.

Et v'là l'histoire in canchon,
    De l' gohière,
      Tout intière,
Et v'là l'histoire, in canchon,
De l' gohière, ch' mets si bon.

Eun' fos, des jeun's gins nactieux,
A l' mason de l' Mèr' Lazare,
Trouv'tent qu' leus assiettes (coss' rare ! (*)
N'étott'nt point r'lavée' au mieux.
« Bon ! a répondu l' servante,
A chés muscadins cossus :
Ell's sont prope' assez, j' m'in vante....
Est-ch' qu'eun' langue est resté' d'sus ? »

Et v'là l'histoire, in canchon,
    De l' gohière,
      Tout intière,
Et v'là l'histoire, in canchon,
De l' gohière, ch' mets si bon.

(*) Chose rare.

A ch't heure, on in trouv' dins tous
Les magasins d' pâtiss'ries,
Et mêm', dins les boulaing'ries,
On peut s'in fournir tertous.
Elle est bonne, elle est bien faite,
Ell' se digèr' facil'mint...
Malgré cha, j' dos l' dire, on r'grette
Cheull' de Gross'-Mari', souvint.

Et v'là l'histoire, in canchon,
  De l' gohière,
  Tout intière,
Et v'là l'histoire, in canchon,
De l' gohière, ch' mets si bon.

AVANT LE BROQUELET.(*)

PASQUILLE.

Non, non, tel qu'il est
L' Broq'let
N'est point d'jà si laid,
A dit l'auteur de l' canchon d' *Violette*,
Mais v'là trinte ans. A ch't heur', cheull' fiête,
N'a presque pus rien d' laid ni d' biau ;
Elle est quasimin' au tombeau...
In sorte qu' pour juger ch' tableau
De l' bonn' manière,
I faut r'porter s'n esprit à trinte an' in arrière.

L' scène s' pass' sur un d' nos marqués :
Eun' viell' marchand' d'étoffe' et d' vêt'mints fabriqués
Pour femm's, fait justemint
L'article in ch' moumint
A deux fill's de fabrique.
Ch'est véritablemint comique.

(*) Tableau de M. H. Labbe. Exp. de Lille. — 1881.

Cheull' marchande est eun' viell' diablesse
A l'air fort rébarbaratif,
Et qui n' pins' qu'au positif.
 Pindant qu'ell' se presse
A tinde s' main comme eun' pauvresse
 Pou' r'chevoir sin dû
 D'un bonnet vindu,
L'eun' des deux jeun's fill's, l'acateusse, (*)
 Paraît toute heureusse
 In pourmirant ch' bonnet
Qu'ell' mettra, bien sûr, au *Broq'let*,
Et n' pins' point du tou' à donner cheull' somme,
Chin qui fait que l' marchand' marronne.

L'aute ouverière, a dins ses mains
Un moucho d'indienne à dessins,
Avec eun' biell' largue bordure...
Ah ! qu' j'aime, d' cheull' fille, l' figure !
Ell' rit si bien et tant, tant, tant,
Qu'ell' nous forche d'in faire autant.

Pourquoi qu'ell' rit ?... Je n' saros point vous l'dire,
Et, vrai, cha n' me fait rien, car il est si bon d' rire,
Qu'on peut s' passer, je l' pinse, in tout' saison,
 D'in connoîté l' raison.

(*) Acheteuse.

VIVE L' BROUTTEUX.(*)

Air : Mon Galoubet.

(Noté. — N° 30.)

Vive l' Broutteux ! (*Bis.*)
I n' comptot qu'un an d'existence,
Qu'on aspirot qu'i n'n arot deux,
Car avec tout l'esprit qu'i lance,
I nous met l' cœur in joie, in danse...
    Vive l' Broutteux ! (4 *fois*.)

Vive l' Broutteux !
Quand i nous raconte eune histoire
D'un air bonnass', quoiq' malicieux,
On laich'rot là d' mainger et d' boire,
Même d' feumer... Ch'est à n' point croire.
    Vive l' Broutteux !

(*) Chanson composée à l'occasion du premier anniversaire de l'intéressant petit journal tourquennois « *Le Broutteux* » que rédige en patois mon jeune et spirituel confrère Jules Watteeuw.

Vive l' Broutteux !
On arot des yeux comm' des p'lotes,
D'avoir bré comme un malheureux,
Qu'in lijant ses pasquill's point sottes,
I faut rire à s' tenir les côtes...
Vive l' Broutteux !

Vive l' Broutteux !
Tout est gai su' cheull' bonn' gazette.
On y r'présinte un gros farceux,
Qui, pour aller porter eun' lette,
L'a mis, brav'mint, sur eun' brouette.
Vive l' Broutteux !

Vive l' Broutteux !
I conserve l' bon vieux langache
Du biau pays d' Flandre, on n' peut mieux.
I rappelle aussi chaque usache
Des vill's, comm' du pus p'tit villache.
Vive l' Broutteux !

Vive l' Broutteux !
Sin gai savoir, rimpli d' finesse,
Rindra fameux l' nom d' Jul's Watteeuw.
A l'homm' qui l' porte, avec adresse,
I f'ra des biell's rint's pou' s' vieillesse....
Vive l' Broutteux !

LES COQUILLES DE NOËL.

Air des Vieilles Croyances (3ᵉ volume).

(Noté. — N° 31.)

Eun' coutum' curieusse et qui dure
 Au moins d'puis six chints ans,
Et qui dur'ra, tout me l' l'assure,
 Incore aussi longtemps,
Ch'est d' fabriquer tous chés coquilles,
 A l' fiêt' du P'tit-Jésus,
Pour les p'tits garchons, les p'tit's filles...
 Et nous aut's par-dessus.

Les p'tits, les grand' arrott'nt, habile,
 Leu cœur poché, (*Bis*). (*)
De n' point povoir mainger d' coquille
 L' jour du Noë. (*Bis*).

(*) Avoir le *cœur poché*, c'est être triste, oppressé par le chagrin.

On in fait des p'tite' et des grandes
    Avec ou sans rojins,
Et même aussi, mais sur commandes,
    Avec des biaux dessins,
Mais tertous sont parell'mint faites,
    Couleur de cervelas,
Et comm' des infant' à deux tiêtes
    N'aïant ni gamb's, ni bras.

Les p'tits, les grand' arrott'nt, habile,
    Leu cœur poché,
De n' point povoir mainger d' coquille
    L' jour de Noë.

Bien avant mêm' qu'arriv' cheull' fiête,
    Quand un infant mutin,
A tous ses parints, casse l' tiête,
    Faijant sin rinquinquin,
Quand s' mèr' li dit : « Si t'es point sache,
    J' préviendrai P'tit-Jésus!... »
I cesse aussitôt sin tapache
    Et dit : « Je n' le f'rai pus ! »

Les p'tits, les grand' arrott'nt, habile,
    Leu cœur poché,
De n' point povoir mainger d' coquille
    L' jour du Noë.

On dit que P'tit-Jésus n' les donne
　　Qu'au sage infant, seul'mint,
Mais vrai, là, j' cros bien qu'i pardonne
　　On n' peut pus facil'mint,
Car i n'y-a peut-êt' point dins Lille,
　　Mêm' logé au guernier,
Un infant qui n' trouv' point s' coquille,
　　In d'zous de s'n oriller.

Les p'tits, les grand' arrott'nt, habile,
　　Leu cœur poché,
De n' point povoir mainger d' coquille
　　L' jour du Noë.

Quand j' vos nos brav's Orphéonistes
　　Par mille, in fair' présint
A des pauv's infants, v'nus tout tristes,
　　Et qui s'in vont gaimint,
Riant, sautant d'un air comique...
　　Tout bas, je m' dis comm' cha :
« Jamais chés gins n' nous f'ront d' musique,
　　Qui vaudra mieux qu' cheull'-là. »

Les p'tits, les grand' arrott'nt, habile,
　　Leu cœur poché,
De n' point povoir mainger d' coquille
　　L' jour du Noë.

Chaq' boulainger, à chaq' pratique,
  Donne eun' coquill' pou' rien.
Mais v'là l' curieux : chacun l' critique,
  Nul n'est contint d' sin bien.
Jamais l' coquill' n'est assez grosse ;
  Eun' femm' dit : « Ch'est du pain ! »
Eune aute est d'eune humeur atroce,
  Que l' sienn' n'a point d' rojin !

Les p'tits, les grand' arott'nt, habile,
  Leu cœur poché,
De n' point povoir mainger d' coquille
  L' jour du Noë.

Aussi, comptant su' des étrennes,
  Quand, l' jour du Parjuré,
L' mitron porte l' pain à chés glainnes,
  Il est drol'mint rasé.
S'i dit polimint : « J' la souhat' (*) bonne
  Et heureusse, à tertous ! »
Quand on n' fait point l' sourd, on li donne
  Par grâce, eun' pair' de sous.

Les p'tits, les grand' arott'nt, habile,
  Leu cœur poché, (*Bis*).
De n' point povoir mainger d' coquille
  L' jour du Noë. (*Bis*).

(*) Prononcez : *Soite* (Monosyllabe).

LE BON BERGER.

PASQUILLE

IMITÉE D'UN CONTE ALLEMAND

A Wacquez - Lalo.

On m'a raconté qu'un imp'reur
All'mand, vanté pou s' biell' humeur,
A fait l' farce que j' vas vous dire,
   Histoir' de rire.

Un des évêques d' sin pays,
Étot r'nommé, même à Paris,
Comme un des pus savants du monde,
Tell'mint qu'à chint lieue' à la ronde,
On v'not souvint pou' l' consulter.
L'Imp'reur, qui volot l' dérouter,

Un jour, dins sin palais, i' l'appelle,
Et li dit : « On racont' mervelle
Monsieur l'Évêq', du grand savoir
Que vous avez. J'ai donc l'espoir
Qu'in vous donnant l' quart d'eune année
(I n' vous faut peut-êt' qu'eun' journée)
Pour réponde à tros p'tit's questions,
Que j' propose à vos réflexions,
Vous s' tir'rez facil'mint d'affaire.
D'abord, vous arez l' compte à faire
D' l'argint que j' vaux, quand, l' mantiau mis,
Mantiau couvert d'or et d' rubis,
J' mont' pour m'assir, là, su' min tronne,
Portant, bien intindu, m' couronne.
In deuxième, l' répons' dira
Combien d' temps qu'i m' faut, su' min q'va,
Pour fair', tout au long, l' tour du monde,
Sans vous abuser d'eun' segonde.
In troisième, infin, vous m' direz
Tout chin que j' pinse, et vous m' prouv'rez
Qu' ch'est faux. »

    « Allez, monsieur l'Évêque !
Consultez l' latin et l' langu' grecque,
Si vous volez, pindant tros mos,
Pour savoir cha su' l' bout des dogts,
Et me l' dir' sans faire eun' seul' faute,
Autermint, su' m' bourriq' Javotte,

A q'valion (*), et plaché à r'bours,
Vous s'rez pourmené huit grands jours
In t'nan', à plein' mains, je l' décide,
De ch'vieux baudet, l' queue, au lieu d' bride. »

L'évêque, à partir de ch' moumint,
Hélas ! a bien connu l' tourmint.
Il avot biau r'muer s' cervelle,
Toudis, comme l' quien d' Jean d' Nivelle,
L' raison, chaq' fos qu'i l'l' appélot,
A tous les diables s'in allot...
Dins ses live' il avot biau lire,
Il avot biau tâcher d'écrire,
Tout in busiant, sin front dins s' main,
Rien n'y faijot... Par un matin,
In s' pourmenant, triste et tout blême,
Sin vieux berger, Jean Nigaudème,
(I n' l'étot point, comm' vous l' verrez),
Li dit comm' cha : « Vous m' permettrez
D' vous d'mander si vous êt's malade?... »
L'évêq' comme à sin camarade,
A tout d' suit' déblouqué sin cœur.
Jugez si grande étot s' douleur !...
Mais v'là l' pus biau ! Quand Nigaudème
A su, d' sin maît', que s' peine estrême

(*) A cheval.

Etot v'nu' d' chés tros p'tit's questions,
Il a dit : « Point tant d' réflexions,
Monseigneur !... Je m' charge d' l'affaire.
Prêtez-m' vos habits, vo' bréviaire,
Vo' bâton crochu, vo' bonnet,
Et, sans craint' d'aller su' l' baudet,
J' parte tout d' suite avec corache,
Fair' les tros réponse' à vo' plache. »

Eune heurette après, d'vant l'Imp'reur,
Nigaudème arrivot sans peur,
Et l'Imp'reur, monté su' sin tronne,
Aïant sin biau mantiau, s'couronne,
Et tout chin qui s'insuit, li dit :
« Vous v'là, grand savant, homm' d'esprit
Tant glorifié ! — Vous allez m' dire
Combien-ch' que j' vaux !... — Et Jean, sans rire,
Répond brav'mint : « Vingt-neuf déniers !!! »
L'Imp'reur se r'biff'. — « Tiens ! vous s' plaingnez
Du trop bas prix ?... mais l'Histoir' Sainte,
Dit qu'on a vindu Jésus, trinte !...
Ah ! conv'nez qu'un dénier moins qu' Dieu,
Ch' n'est point vous estimer trop peu ! »
L' brave Imp'reur qui, pourtant marronne,
Dit : « J'accepte l' raison comm' bonne,
Mais vous allez m' dire après cha,
Combien d' temps qu'i m' faut, su' min q'va,

Pour fair', tout au long, l' tour du monde. »
Jean li répond su' l' mêm' segonde :
« Si, quand l' solei sorte d' sin lit,
Vous partez, allant l' mêm' train qu' li,
Vous f'rez l' tour, même avec eun' mule,
Juste in deux fos l' tour de m' pindule. »
— « Ch'est s' tirer d'affair' par des *si*,
Dit l'Imp'reur, in plissant l' sourci,
Mais j' pass'rai là-d'su', in bon prince,
Si vous savez dir' chin que j' pinse,
Et prouver qu' chin que j' pinse est faux. »
— « Pour vous satisfaire, i n' me faut
Qu' eun' minut', dit Jean Nigaudème,
Et vous in conviendrez vous-même.
Vous m' pernez pour l'Évêque, eh non ?
— « Bien sûr, dit l'Imp'reur. — « Eh ben, non !
Je n' sus qu' sin berger !... Ah ! grand prince,
Jamais n' jugez sur l'appareince... »

In intindant cha, l' bon Imp'reur
A déclaqué d' rir' d'un bon cœur.
— « Si t' n'es point l'évêq', te peux l'l'ête,
Et te vas rimplacher tin maîte,
Qui s'ra, puisqu'il est si bénêt,
Pourmené huit jours su' l' baudet. »
— « Ah ! laichez, laichez-là, ch' linvie,
Car, pour tout vous dir', je n' sais mie

Tant seul'mint ép'ler min pater,
Et j' f'ro' un drôl' de magister. »
— « Mais j' veux pourtant, li répond l' prince,
T' fair' donner eun' biell' récompinse !...
Dis chin qu' te désir's, te l'l'aras ! »
Et l' bon berger, sans imbarras,
Dit : « Merci ! Cha vous est facile.
Si vous laichez min maît' tranquille,
J' n'arai pus rien à vous d'mander... »

L' monarque n' povot qu'accorder
Chin que d'mandot ch'l homm' si fidèle,
Qui rest'ra des bergers l' modèle.

LES CANONNIERS LILLOIS.

Chanson composée à l'occasion du quatre centième anniversaire
de la création du corps des Canonniers Sédentaires.
et chantée par l'auteur au banquet qui a eu lieu le 2 mai 1883.

1483 — 1883

Air de l'auteur.

(Noté. — N° 32.)

A M. Émile OVIGNEUR,
Commandant des Canonniers Lillois.

Que v'là, jour de la vie !
Longtemps qu' j'avos l'invie
D' raconter eun' bonn' fos
L'histoir' des Canonniers lillos.
Aujord'hui, je m' continte,
Car l'occasion s' présinte,
Et j' n'ai pus qu'un souci :
Savoir si cha leu f'ra plaisi.

Tout homm' qui sait l' histoire
Des quat' chints ans derniers,
Est tenté d' vanter l' gloire
Des brav's Canonniers.

Formé' in confrérie,
Pour servir leu patrie,
Comm' les pus brav's des gins.
Il' ont toudis t'nu leus sermints.
Mêm' souvint, dins d'aut's villes, (*)
Laichant là leus familles,
Leus amis, leus amours,
I sont allés porter du s'cours.

Tout homm' qui sait l' histoire
Des quat' chints ans derniers,
Est tenté d' vanter l' gloire
Des brav's Canonniers.

Quand on assiégeot Lille,
Chés homme', habile' ! habile !
S'in allott'nt su' l' rempart
Tirer l' canon d'un air gaillard,
Et sans peur, comm' sans gêne...
Jamais, ni l' prince Eugène, (**)
Ni l' général Malbrouck,
A leu cœur n'ont fait fair' *doucq ! doucq !* (***)

(*) Notamment au siège de Tournai, en 1581; à Dunkerque et à Audenarde, en 1583; à Flessingue en 1809.

(**) On sait que le siège de 1708 était commandé par le prince Eugène de Savoie, et que le duc de Malborough y a pris une part active:

(***) Onomatopée ; battements du cœur.

Tout homm' qui sait l'histoire
Des quat' chints ans derniers,
Est tenté d' vanter l' gloire
Des brav's Canonniers.

Ch'est surtout quand l'Autriche
Nous a fait l' vilain' niche
D' nous bombarder d'action,
Qu' chés homme' ont mérité du r'nom.
On in cit' six à peine :
Ovigneur, capitaine,
Blanchez, Legrand, Reboux...
Ah ! j' vodros les nommer tertous.

Tout homm' qui sait l'histoire
Des quat' chints ans derniers,
Est tenté d' vanter l' gloire
Des brav's Canonniers.

Tout l' mond' connot l' réponse
D'Ovigneur : On annonce
A ch' citoyen plein d' cœur
L'accouch'mint d' Madame Ovigueur,
Et puis, que s' mason brûle...
N'y-a point d' danger qu'i r'cule !
Sans mêm' quitter s'n affût,
I dit : « J' reste et j' rinds fu pour fu !

Tout homm' qui sait l'histoire
Des quat' chints ans derniers,
Est tenté d' vanter l' gloire
Des brav's Canonniers.

Après neuf jours de lutte,
Sans tambour, ni p'tit' flûte,
Chés Autrichiens fameux,
Infin, sont partis tout péneux,
Imm'nant l'archi-duchesse,
App'lé' l'archi-tigresse (*)
Et nous laichant l' mortier
Fracassé par un canonnier.

Tout homm' qui sait l'histoire
Des quat' chints ans derniers,
Est tenté d' vanter l' gloire
Des brav's Canonniers.

Mais, d' cheull' garde civique,
On vante aussi l' musique,
Et ch' n'est point sans raison,
Vous in conviendrez, sans façon,

(*) Surnom donné à Marie-Christine, femme du duc Albert de Saxe, qui avait, dit-on, mis elle-même le feu à un mortier dirigé sur la place.

Car, qui n' sait dins no' ville,
Qu'elle a, sans s' fair' de l' bile,
Inl'vé les premiers prix,
A Gand, Arras, Bruxell's, Paris ? (*)

Tout homm' qui sait l'histoire
Des quat' chints ans derniers,
Est tenté d' vanter l' gloire
Des brav's Canonniers.

Quand, d' Saint'-Barbe, ch'est l' fiête,
Et, qu'à l' faire, on s'apprête,
Jugez d' leu cœur humain,
I donn'nt à tous nos pauv's du pain.
Sans flatt'rie, on peut dire,
Qu' chés amis du franc-rire,
N'ont jamais tant d' gaîté
Qu' quand il' ont fait cheull' charité.

Tout homm' qui sait l'histoire
Des quat' chints ans derniers,
Est tenté d' vanter l' gloire
Des brav's Canonniers.

(*) En 1826, 1843, 1851 et 1867.

Cheull' vaillante artill'rie
A défindu l' patrie
D' puis quat' chints ans passés...
Personne n' trouv' que ch'est assez.
Mi, j' désire et j'espère,
Qu' ichi même, un confrère,
Dins deux chints ans, dira
Che r'frain, qu' tout l' monde applaudira :

« Tout homm' qui sait l'histoire
Des six chints ans derniers,
Est tenté d' vanter l' gloire
Des brav's Canonniers. »

ANTOINE WATTEAU.

Couplets composés à l'occasion de l'inauguration, à Valenciennes, le 12 octobre 1884, de la Fontaine Watteau.

Air de l'auteur (*).

(Noté. — N° 33.)

A mon ami Émile VERNUS,
Président de la musique municipale de Valenciennes.

V'là deux chints ans qu'un homm', peu riche,
Il étot, pourtant, maît' couvreu ;
Est allé gaîmin à l'égliche,
Pour y fair' baptijer sin fieu. (**)
Queull' figur' qu'il arot fait ch'l homme
(D'ichi, je l' vos tout interdit),
Si, li parlant d' sin p'tit bonhomme,
Un prophète, alors, avot dit :

    Tant qu'on aim'ra l' peinture,
    Qu'on chérira l' nature,
    Et tant que l' mond' dur'ra,
    Antoin' Watteau vivra.

(*) Le jour même de la fête, M. Alphonse Blondel, éditeur à Paris, a mis en vente une polka pour piano intitulée : « Watteau-Polka, » composée sur cet air et celui de *La Femme du coulonneux*, par mon ami Tac Coen, l'habile chef d'orchestre de l'Eden-Concert.

(**) Paroisse Saint-Jacques, de Valenciennes.

I faut dir' que ch' petit bonhomme
Est dev'nu l' peintre si fameux
Qu'in tout pays du monde, on r'nomme
Pour tous ses tableaux si joyeux.
Sitôt sorti d'apprintissache
D' chez Gérin, peintre d' grand' valeur, *)
Pour Paris, incore in jeune âche,
I parte plein d' goût, plein d'ardeur.

  Tant qu'on aim'ra l' peinture,
  Qu'on chérira l' nature,
  Et tant que l' mond' dur'ra,,
  Antoin' Watteau vivra.

Il avo', à Paris, pour maîte,
D'abord un nommé Métayer,
Qui n' li donnot mêm' point d' quoi s' mette
L' nécessaire au fond du gosier.
I l' payot moins qu'un homm' de peine,
Qu'un arland qui f'rot tout à r'bours....
Jugez-in : *Tros francs par semaine,*
Et s'n éculé d' soup' tous les jours. (**)

(*) Au dire de la plupart de ses biographes, Watteau aurait eu pour premier maître, à Valenciennes, un peintre sans talent. MM. Hécart et Cellier, écrivains valenciennois, prétendent au contraire qu'il y a reçu des leçons de dessin et de peinture, de Gérin, peintre d'histoire, mort à Valenciennes en 1702 et qui a laissé, paraît-il, un grand nombre de toiles très remarquables qui, malheureusement, ont été, en grande partie, détruites pendant la Révolution.

(**) Dictionnaire de P. Larousse.

> Tant qu'on aim'ra l' peinture,
> Qu'on chérira l' nature,
> Et tant que l' mond' dur'ra,
> Antoin' Watteau vivra.

Métayer connaichant s'n affaire,
On n' peut mieux, pour gaingner du bien,
A chaque apprinti n' faijot qu' faire
Chin qu'i savot fair' vite et bien.
Si bien qu' l'un faijot des d'sus d' porte,
L'aute eun' sainte, un trosièm' Judas...
Tant qu'à Watteau, l'histoir' rapporte
Qu'i n' faijot qu' des Saint-Nicolas. (*)

> Tant qu'on aim'ra l' peinture,
> Qu'on chérira l' nature,
> Et tant que l' mond' dur'ra.
> Antoin' Watteau vivra.

Mais sorti d' cheull' triste boutique,
Il intre, un jour, à l'Opéra ;
S'y fait r'marquer et, sans critique,
Surpass' sin maît', chacun l' dira...
I fait des tableaux qu'on admire,
Homme' et femm's, tout l' mond' l'applaudit,
Infin, mes gins, pour mieux vous dire,
Il est à l'honneur, au profit.

(*) Histoire des peintres par Charles Blanc et Catalogue de 1865 du Musée de peinture de Valenciennes par M Cellier

Tant qu'on aim'ra l' peinture,
Qu'on chérira l' nature,
Et tant que l' mond' dur'ra,
Antoin Watteau vivra.

Je n' vous dirai point qu' cha m'étonne,
Ch'est l' contrair' qui m'arot surpris.
N'avot-i point autant qu' personne,
Un savoir facil'mint compris ?
Et puis, ch'est à r'marquer, quoiq' triste,
Souvint malade et plein d' souci,
Par ses tableaux si gais, ch'l artiste
Met toudis, dins l' cœur, du plaisi.

Tant qu'on aim'ra l' peinture,
Qu'on chérira l' nature,
Et tant que l' mond' dur'ra,
Antoin' Watteau vivra.

Il est mort avant l' quarantaine... (*)
Pour un homm' comm' li, queu malheur !
Chacun l' dira, veyant l' fontaine
Qu'on vient d' fair' bâtir à s'n honneur,
Tout in admirant s' biell' figure,
Et s' tournure, et ses traits si biaux,
Si bien rindus par cheull' posture,
Qu' nous a laiché' l' grand maît' Carpeaux.

(*) Né à Valenciennes le 10 octobre 1684, Jean-*Anthoine* Wateau, comme dit son acte de baptême, est décédé à Nogent-sur-Marne, le 18 juillet 1721.

> Tant qu'on aim'ra l' peinture,
> Qu'on chérira l' nature,
> Et tant que l' mond' dur'ra,
> Antoin' Watteau vivra.

D'aujord'hui, l' biell' cérémonie,
S'ra connu' d' nos arrièr'-garchons,
Par des discours, de l' poésie,
De l' musique, et mêm' des canchons.
Tout saisi, j' vous apporte l' mienne
Triste, d' n'avoir rien fait d' pus biau...
Et j' cri' d' bon cœur : Viv' Valincienne !
Qui vient d' glorifier l' grand Watteau !

> Tant qu'on aim'ra l' peinture,
> Qu'on chérira l' nature,
> Et tant que l' mond' dur'ra,
> Antoin' Watteau vivra.

LES PARQUES.(*)

A Jules WATTEEUW,
Directeur-rédacteur du Journal Tourquennois « Le Broutteux »

> Gai, par les garlousettes (**)
> Si drolettes
> Du « Broutteux, »
> J'invoi' cheull' pasquillette,
> Comme eun' dette,
> A Watteeuw.
> A. D.

Un tableau vraimint fort curieux
Que j' viens d'vir et que j' trouve au mieux,
Ch'est ch'ti qui r'présint' chés fileusses,
App'lé's « les Parques »... Tros viell's gueusses
A l'air mouson, et qu' Luchifer
F'rot bien d'mett' su' l' gril' dins s'n infer.
Je n' savos point chin qu' ch'étot d'eusses (***),
Et je m' dijos : « Pauv's malheureusses,
L'heur' pour eusse' est v'nu' d' se r'poser,
Bien dormir, boir', mainger, d'viser
Avec les femm's du voisinache...
Au lieu d' cha, toudi' à l'ouvrache
Et gaingner, ch'est presque certain,
Juste pou' n' point morir de faim !... »

Au risque, mes gins, d' vous fair' rire,
J'aros dû qu'mincher par vous dire

(*) Tableau de notre concitoyen, M. Alfred Agache.
(**) Plaisanteries.
(***) Eux, *elles*.

Qu'eun' scèn', sur un tableau bien fait,
Fait sur mi, juste l' mème effet
Qu'un vaud'ville, eun' biell' comédie,
Un biau drame, eun' biell' tragédie...
J'ai biau m' dir' : « Mais rien d' cha n'est vrai ! »
Min cœur saute d' joi', si ch'est gai ;
Si ch'est triste, tout au contraire,
Je m' sins, malgré mi, l'invi' d' braire...
J' plaingnos donc, tout haut, chés laid'rons,
Quand Séraphin, un d' mes chochons,
Bien pus savant qu' mi, su' l' lecture,
S'approche et m' dit : « Quoi, Pauv' Tuture,
Te plains vraimint chés drôless's-là !
Va, j' te croyos pus malin qu' cha.
Te n' sais donc point chin qu' ch'est qu' les *Parques* ?
Mais, fieu, les guerriers, les monarques,
Si batillards, des temps passés,
N'ont jamais fait tant d' trépassés
Qu' cheull' fileuss', ni qu' cheull' dévidieusse,
Ni, surtout, qu' cheull' méchant' copeusse ! »
— Bah ! que j' dis ! — Ch'est comm' cha, qu'i dit.
— Vrai ? que j' dis ! — Tout-à-fait, qu'i m' dit.
Tiens, j' vas t' raconter leu-z-histoire,
Et te verras si te peux m' croire :
« D'abord, te saras qu' chés tros sœurs
N'ont jamais connu les douchers
Des plaisis qu' nous donne l' jeunesse.
On n' les a connu's qu' dins l' vieillesse,
Tell's qu'on les r'présinte aujord'hui,

Essayant d' dissiper l'ennui,
In faijant l' métier que j' vas dire,
Et qui n'est point fait pou' m' séduire,
Ni personne au mond', ch'est certain.
Te vos, là, cheull' qui tient dins s' main
Eun' grande et superbe quenoulle !
Ch'est Atropos !... Non, non, j' m'imbroulle...
Ch'est Clotho !... A chaque infant
Qui vient, malade ou bien portant,
Ell' prind de s' quenoulle un bout d' laine
Qu'elle r'passe à l'aut' méchant' grainne,
Qui s' appelle, j' cros, Lakésis,
Et cheull'-chi, quoique ouvrant gratis,
Jour et nuit, au point d' perde haleine,
Tourne, tourne eun' sorte d' babeinne,
Jusqu'à temps que s' sœur Atropos
Cope ch' filé... L' rhinocéros
Qu'on nous a fait vir à la foire
Avec un grand séquoi d'ivoire
Su' l'nez, n'a point tant d' méchanc'té
Pour nous, qu' chés sœurs... V'là l' vérité :
L' premièr' nous attrape à l' naissance,
L'aut' nous tient tout l' temps d' l'existence,
Et l' troisièm', sitôt qu' cha li plaît,
Sans façon nous cope l' chifflet. »

Cha n'impêch' point qu' du peintre Agache
Chacun vante ou vant'ra l'ouvrache !

LES POMPIERS DE LILLE.

Air de l'auteur.

(Noté. — N° 34.)

A M. Armand Labbé,
Commandant des Sapeurs-Pompiers de Lille.

Dins tous pays, les Pompiers sont utiles,
Car null' mason n'est eximpté' du fu,
Mais ch'est surtout, chaq' jour, dins les grand's villes,
Qu'on peut juger du prix d' chés homm's d'affût. (*)
  Tant qu'au sujet d' cheusse d' Lille,
  In six parol's comme in mille,
  Tout homm' qui les connot bien,
  N'in dira jamais qu' du bien.

  J'ai du plaisi de l' dire,
    J'admire (*Bis*)
  Autant qu' des grands guerriers,
   Nos brav's pompiers. (*Bis*).

(*) Nous appelons homme d'affût, tout individu qui, par son adresse, se rend ou peut se rendre utile en maintes occasions.

Tout aussitôt qu'un fu, quéq' part, éclate,
D'puis l' commandant jusqu'au dernier sapeur,
Nous les veyon' y courir quate-à-quate,
Et sans bronser ouvrer avec ardeur.
  Quéq'fos, chés gins pleins d' vaillance,
  Heureux d' sauver l'existence
  A des vieillards, des infants,
  Sortent des flamm's, triomphants!

  J'ai du plaisi de l' dire,
    J'admire
  Autant qu' des grands guerriers,
   Nos brav's pompiers.

Pindant tout l' temps qu'un scélérat d' fu dure,
Pou' l' l'arrêter chacun fait ses efforts,
Mais souvint l' fu répond par eun' blessure ;
Il arriv' mêm' qu'on importe des morts...
  Bien lon qu' cha dégoût' les autes,
  On vot chés brav's patriotes,
  Mett', pou' r'vinger les vaincus,
  Double ardeur dins les aut's fus.

  J'ai du plaisi de l' dire,
    J'admire
  Autant qu' des grands guerriers,
   Nos brav's pompiers.

Mais laichons là, mes gins, tout sujet triste.
A l'exercice, à l' pomp' comme au fusil
Chés brav's infants mettent l' goût d'un artiste ;
Bien manœuvrer, ch'est leu plus grand plaisi.

  Aussi, quand chés joyeux drilles
  Vont quéq' fos dins des aut's villes,
  Personne d' nous n'est surpris
  D' les vir rapporter des prix. (*)

  J'ai du plaisi de l' dire,
    J'admire
  Autant qu' des grands guerriers,
   Nos brav's pompiers.

Je n' vous dirai qu'un p'tit mot d' leu musique.
Elle a du r'nom mérité d' puis longtemps.
Pou' l' conserver, comm' de juste, ell' s'applique
A des biaux airs, difficile' et savants.

  Cha n'impêch' que, ch'l affair' faite,
  Toudis, dins nos jours de fiête,
  Ell' ju' pour nous mette in train,
  L' *Marseillaise* et *P'tit-Quinquin*.

  J'ai du plaisi de l' dire,
    J'admire
  Autant qu' des grands guerriers,
   Nos brav's pompiers.

(*) Par exemple, en septembre 1874, 70 d'entre eux, s'étant rendus à la fête de Dunkerque, y ont remporté le 1er. prix de manœuvres, plus le prix de belle tenue et on leur a donné le surnom de « Petits Chasseurs de Lille. »

Comm' trait d' gaîté, on m'in cite un fort drôle : (*)
A l' fiêt' de Lille, in mil huit chint vingt-six,
Nos gais pompiers, bisquant d' n'avoir point d' rôle,
Ont pris l' parti d'in juer un gratis.

  I sont allés su' *la Plaine*,
  Ont jué tout d'eune haleine
  A l' drogue, à l' guisse, aux rongnons,
  Et fait voler des dragons.

  J'ai du plaisi de l' dire,
    J'admire
  Autant qu' des grands guerriers,
    Nos brav's pompiers.

Eune aute affair' qu'on ara du ma d' croire,
Ch'est qu'auterfos, de ch' biau corps, chaq' sapeur,
In grand' tenue, avo' eun' barbe noire,
In p'tite, l' barbe étot d'un aut' couleur. (**)

(*) « 1826 — Dans le programme de la fête communale se trouvaient supprimés, cette année, les Tirs à la cible pour les Sapeurs-Pompiers et les Canonniers. Cette suppression produisit dans les deux corps un vif mécontentement et une certaine exaspération. Il fut convenu qu'on ne protesterait pas ; mais Pompiers et Canonniers se rendirent sur le Champ-de-Mars et y jouèrent à la *Guisse*, à la *Galoche*, à la *Drogue* et lancèrent même un cerf-volant. » (Annales des Sapeurs Pompiers de Lille).

(**) « 1825. — C'est à cette époque, je crois, que pour donner un air plus martial à la tête de colonne du bataillon, composée des Sapeurs porte-hache, on leur donna des *barbes postiches*. Lors des prises d'armes où la grande tenue était commandée, les Sapeurs étaient convoqués *avec barbe*. Dans les autres services, ils l'étaient *sans barbe*. Il va sans dire qu'elles étaient toutes uniformément noires. » (Annales es apeurs-Pompiers de Lille).

Ch'est que l' corps n'étot point riche,
Et que l' noire étant postiche,
Pou' l' conserver pus longtemps,
On ne l' mettot qu' tas in temps.

  J'ai du plaisi de l' dire,
    J'admire
 Autant qu' des grands guerriers,
   Nos brav's pompiers.

V'là pus d' chint ans que l' bataillon existe,
Et r'marquez bien, qu'i n'y-a fauque eun' pair' d'ans,
Qu'on a pinsé d' faire imprimer cheull' liste
Des grands servic's, qu'il a rindus tout l' temps. (*)
  On nous dit que l' modestie
  Du monde, hélas ! est partie...
  Après l' trait que j' viens d' citer,
  Il est permis d'in douter.

  J'ai du plaisi de l' dire,
    J'admire (*Bis*)
 Autant qu' des grands guerriers
   Nos brav's pompiers. (*Bis*)

(*) C'est en 1878 qu'ont été publiées lesdites « Annales »

UNE BOUQUETIÊRE.(*)

Chenll' jeun' brunette
Aïant pour toilette
Un jupon gris-bleu,
Un caraco, un écourcheu,
Est vraimint bellotte,
Perniote (*),
Pour tout dire, à croquer.
Elle est in train d' faire un bouquet,
Car elle est bouq'tière.
Assi' tout près d'eun' serre,
Elle a tout autour d'ell' des fleurs
Et des feuillaches d' tout's couleurs.
Mais chaq' fleur, quoiq' bielle,
N' l'est point tant qu'elle.

(*) Tableau de Mlle Crouan.
(**) Mignonne.

LE TAMBOUR.

Air des Pompiers de Lille.

(Noté. — N° 34.)

Un instrumint qui, d'puis que l' monde est monde,
Jue un grand rôl', vous l' savez, ch'est l' tambour.
Pour cheull' raison, à toute heure, à la ronde,
L'un l' démépriss', l'aut' l'aime avec amour.
  Il a l' sort des gins d' mérite,
  Qu'in tout sins, chaq' jour, on cite.
  Qui n' sait qu' les balous seul'mint
  Sont libres d' viv' tranquill'mint ?

  Mi, je n' crains point de l' dire,
    Sans rire : (*Bis*)
  Jusqu'à min dernier jour,
  Toudis j' crîrai : Vive l' tambour !

D'abord, on l' vot dins les foir's, les ducasses,
In tout' grandeur faijant l'admiration
Des p'tits garchons qui, dins leus joi's cocasses,
Pour les avoir, flatt'nt leus parints, d'action.
  Si, dins les présints d' tout' sorte
  Que l' Saint-Nicola' apporte,

L'infant trouve un *roudoudou*, (*)
Ch'est pour li l'or du Pérou.

Mi, je n' crains point de l' dire,
Sans rire :
Jusqu'à min dernier jour,
Toudis j' crîrai : Vive l' tambour !

Ch'est li qui mèn' les bataillons scolaires,
Comm' les archers, les arbalêtriers,
Dins les cortég's, dins les fiêt's populaires,
Et les conscrits, chés apprintis guerriers.
Au Carneval, cheull' biell' fiête
Que l' demi-carêm' complète,
I bat les r'frains des canchons
Canté's par des gais chochons.

Ah ! je n' crains point de l' dire,
Sans rire :
Jusqu'à min dernier jour,
Toudis j' crîrai : Vive l' tambour !

Mais ch'est surtout, faut bien l' dire, à la guerre,
Que ch'l instrumin' util' sert comme i faut.
I donn' corache à l'homm' qui s' désespère ;
Gaîmint, par li, chacun monte à l'assaut.

(*) Tambour, par onomatopée.

Tout l'mond' sait qu'au Pont-d'Arcole,
Pou' r'lever l'ardeur trop mollé
Des troupiers, l' brav' Masséna,
A li-mêm' fait des *ra fla* !

Ah ! je n' crains point de l' dire,
     Sans rire :
Jusqu'à min dernier jour,
Toudıs j' crîrai : Vive l' tambour !

J'ai laiché dir' qu'un général d'armée, (*)
Su' l' point d' morir, a donné l'orde, un jour,
Par testamint, à s' famille alarmée,
D' li prinde s' piau pour in faire un tambour.
    Pour queull' raison ?... J' vas vous l' dire.
    Vous trouv'rez qu'ell' peut suffire :
      I volot, même après s' mort,
    A l'eun'mi, fair' peur incor.

Ah ! je n' crains point de l' dire,
     Sans rire :
Jusqu'à min dernier jour,
Toudis j' crîrai : Vive l' tambour !

(*) « Jean Ziska, chef des Hussites, mort en 1434, avait ordonné, par son testament, de faire un tambour de sa peau, afin qu'elle pût être encore l'effroi de l'ennemi. Voltaire rapporte cette histoire d'après Æneas-Silvius Piccolomiui, qui devint le pape Pie II. » — (Général Ambert).

Et l'homme, infin, tout l' temps de s'n existence,
Intind l' tambour, dins nombre d'occasions.
Ch'est à l'école, au régimint, à l' danse,
Dins les combats, mêm' dins les processions.
    Null' fiêt' sans tambour n'est bielle..
    J'ajout', puisque j' m'in rappelle,
    Qu' alfos, dins des intierr'mints,
    I fait des tristes roul'mints.
      Ah! je n' crains point de l' dire,
        Sans rire :
      Jusqu'à min dernier jour,
    Toudis j' crîrai : Vive l' tambour !

Un jour, on dit qu'un ministre a l'idée
De fair' rimplacher l' tambour par des clairons.
Personn' n'y crot... L'affaire est décidée...
Pus d' *Ra ta plan* ; des *couacs* in guise d' sons.
    Mais veynt qu'a tout l' mond' s'attriste,
    Un aut' ministre, un artiste,
    Rind l' tambour au bout d'un an...
    Pour li j' vous propose un ban ! (*)

      Ah ! je n' crains point de l' dire,
        Sans rire : (*Bis*)
      Jusqu'à min dernier jour,
    Toudis j' crîrai : Vive l' Tambour !

(*) Le refrain de ce couplet doit être répété, en battant des mains, par le chanteur et les auditeurs, et il convient de terminer le ban par les trois coups d'usage au commandement du chanteur, qui prononcera à haute voix ces trois mots : *Un'! deuss'! troiss'!*

LE LABOUR D'AUTOMNE (*).

PASQUILLE.

Si, sur la fin du mos d' septembre,
Au lieu d' rester dins vo' p'tit' cambre,
Vous s'in allez, par un biau temps,
Au lon, respirer l'air des camps,
Et si vous avez l' bonne aubaine,
   D' vir, près d'eun' plaine,
Un car à labourer, au r'pos,
Att'lé d' deux bués solide' et biaux,
L'un, couché comme un pèr'-tranquille,
L'aut', tout drot, n' se faijant point d' bile
Non pus ; infin, deux laboureux,
Aïant, comm' chés biêt's, l'air heureux,
L' premier, fort calme, alleumant s' pipe
   Par principe,
L'aute, n' feumant point, par hasard,
Dite' hardimint : « D' Monsieur Pluchart
V'là l' tableau du *Labour d'aulomne.* »
Et soyez bien certain qu' personne
   N' vous dédira,
  Car ch'est tout-à-fait cha.

(*) Tableau de M. Henri Pluchart.

LE BARBIER MASSE. (*)

Air des Canonniers Lillois.

(Noté. — N° 32.)

Au Bombardemint d' Lille,
On sait qu' sans s' fair' de l' bile,
Un brave, un gai barbier
A moutré l' sang-frod d'un guerrier.
    De ch'l homm', dijons l'histoire,
    Plein' de drôl'rie et d' gloire ;
    Quoiq' connue, elle a l' don
D'amuser comme un biau feull'ton.

    Toudis, sans qu'on s'in lasse,
    Comm' du Bombardemint,
    Du joyeux Barbier Masse
      On parle gaîmint.

(*) Né à Aire (Pas-de-Calais), *Maes*, (Adrien), suivant son acte de mariage ou *Masse*, (Adrien), selon son acte de décès et celui de sa femme, s'est marié à Lille, à l'âge de 25 ans, le 6 novembre 1786 ; il y est mort le 30 avril 1823. Lors du bombardement de Lille, en 1792, il demeurait rue du Vieux-Marché-aux-Moutons, N.°   et exerçait la profession de barbier-perruquier ; devenu Agent de change, il occupa la maison rue de Paris, 118 ; il est mort rue Basse, 38, où sa femme, Hennion, Marie, anciennement « monteuse de modes » tenait à cette époque une pension bourgeoise. Mme Maes ou Masse, est décédée à Lille, le 25 octobre 1826.

Il étot dins s' boutique,
Barbifian' eun' pratique,
Quand eun' bomb', sans façon,
Vient tout fracasser dins s' mason.
Peu contint d' cheull' visite,
I dit : « Sortons bien vite ! »
Et, vif comme un éclair,
Établit s' boutique in plein air.

Toudis, sans qu'on s'in lasse,
Comm' du Bombardemint,
Du joyeux Barbier Masse
    On parle gaîmint.

Le v'là tout d' suite in plache,
Pour continuer s'n ouvrache.
Comme i n'avot pus d' plat,
D'un obus, i prin' un éclat.
I s'in sert, sans gauch'rie...
Chacun rit d' cheull' drôl'rie ;
Blaguant les Autrichiens,
I ras' quatorze citoyens.

Toudis, sans qu'on s'in lasse,
Comm' du Bombardemint,
Du joyeux Barbier Masse
    On parle gaîmint.

On n'avot point d' gazette,
Mais, d' le R'nommé', l' trompette,
Presque dins l' monde intier,
A vanté l'action du Barbier.
On a fait des postures,
Des gravur's, des peintures,
Pour conserver l' portrait
De ch' brav' citoyen, trait pour trait.

Toudis, sans qu'on s'in lasse,
Comm' du Bombardemint,
Du joyeux Barbier Masse
On parle gaîmint.

Si bien qu'après ch'l affaire,
De ch'l homm' si populaire,
Jamais l'établiss'mint
N'étot sans pratique un moumint.
Il a fait s' petit' p'lote....
Ambitieux... comme un aute !
Agent d' change, i s'a mis....
Pour cha, nous l' plaindrons, mes amis !

Toudis, sans qu'on s'in lasse,
Comm' du Bombardemint,
Du joyeux Barbier Masse
On parle gaîmint.

Car l'histoir' nous raconte,
Mais j' 'cros qu' ch'est un faux conte,
Que ch' l'ancien p'tit barbier,
Glorieux dins sin nouviau métier,
Faijot des grand's dépinses ;
Qu'il avot, comm' les princes,
Des carroche' et des q'vas,
Infin, qu'i faijot d's imbarras.

Toudis, sans qu'on s'in lasse,
Comm' du Bombardemint,
Du joyeux Barbier Masse
On parle gaîmint.

Cheull' sott' manièr' de faire,
A fini par déplaire.
Ch'est à tel point qu'on a
Pou' l' punir, jué l' tour que v'là :
Eun' perruque d' grand-père,
On a plaché derrière
Sin brillant tilbury....
Vous pinsez si tout l' monde a ri !

Toudis, sans qu'on s'in lasse,
Comm' du Bombardemint,
Du joyeux Barbier Masse
On parle gaîmint.

Est-i' vrai que l' pauv' Masse,
In l'an vingt-tros, rue Basse,
Est mort n'aïant pus rien
Que l' métier de s' femm' pour tout bien ?...
Cha n' fait rien à l'histoire :
In li, n' veyons que l' gloire
D'avoir, in plein danger,
Ri, même à l' barbe d' l'étrainger.

Toudis, sans qu'on s'in lasse,
Comm' du Bombardemint,
Du joyeux Barbier Masse,
On parl'ra gaîmint.

Pour faire honneur à ch'l homme,
Qu'in tout' contrée on r'nomme,
Des einseinn's (*), tout au long,
Ainsi qu'eun' ru' (** portent sin nom.
Ch'est l' nom d'eun' opérette (***),
Comm' ch'est l' nom d'eun' gazette (****),

(*) Citons, notamment, celle d'un cabaret, rue du Barbier Masse : « Au vrai Barbier Masse. »

(**) Par un arrêté en date du 2 mars 1883, l'honorable Maire de Lille, M. Géry-Legrand, a substitué la dénomination de « rue du Barbier Masse » à celle de « rue du Prez. »

(***) *Le siège de Lille* ou *le Barbier Maes*, opérette lyrique, par M. Ch. de Franciosi, musique de Aug. Delannoy, représentée à Lille en 1858.

(****) Le Barbier Maes, journal hebdomadaire, paraissant à Lille depuis le 14 septembre 1884.

Infin de ch' franc luron,
Cheull' canchon aussi porte l' nom.

Toudis, sans qu'on s'in lasse,
  Comm' du Bombardemint,
  Du joyeux Barbier Masse,
    On parl'ra gaîmint.

LE PRINTEMPS ET L'HIVER.

V'là, par eximple, deux portraits (*)
Bien différints et fort bien faits :

L'un est l' figur' gai' d'eun' fillette,
Tout' gracieusse et tout' joliette,
Avec des biaux longs ch'veux flottants...
    Ch'est l' printemps.

Mais, tout au contraire, l' deuxième
Est l' visach' ridé d'eun' viell' femme,
Aïant s' poitrine à découvert....
    Ch'est l'hiver.

(*) Tête de jeune fille et tête de vieille femme par M. Alfred Agache.

UN ANCIEN. (*)

L'*Ancien*, est un homme d' l'armée
Avec eun' médall' de Crimée;
Il a su' s' capot' deux galons
D' premièr' classe, et puis deux chevrons;
Les plis que j' vos su' sin visache,
Ont dû l' faire app'ler viell' moustache,
Dins l' régimint, dix fos par jour;
Infin, l'ancien, ch'est... un *Tambour*.

(*) Tableau de M. A. Chigot, de Valenciennes. — Exp. de Lille. 1881.

TABLE DES MATIÈRES.

	Pages
Alcazar (L')...	167
Amoureux de Madelon (L')...	32
Ancien (Un). *Pasquille*...	152
Antoine Watteau...	226
Avant le Broquelet. *Pasquille*...	206
Barbier Masse (Le)...	245
Bon Berger (Le) *Pasquille*...	214
Bouquetière (Une) *Pasquille*...	239
Brouette (La)...	85
Canonniers Lillois (Les)...	220
Carrés de Lille (Les)...	99
Chacharles l'hercule du Nord...	129
Chansons du Carnaval (Les)...	77
Cochon malade (Le)...	145
Colette...	103
Coquilles de Noël (Les)...	210
Dans les Bois. *Pasquille*...	122
Démolition du Beffroi (La) *Pasquille*...	166
Desrousseaux (A) *Couplets sur les Assiettes* « *Chansons Lilloises* »...	6
Deux Grands-Pères (Les)...	20
Diane au bain. *Pasquille*...	143
Faubourg St-Maurice (Le)...	188
Faux Aveugles (Les) *Pasquille*...	96
Femme du Coulonneux (La)...	112
Femme qui prise (Une)...	178
Ferme à Mons-en-Barœul (Une) *Pasquille*...	186
Funquée (La)...	150
Gayant...	53
Georgette...	158
Gohière (La)...	200
Grillades (Les) *Pasquille*...	48

	Pages
Gros Jérome (Le)......................................	135
Hercule brisant sa lyre. *Pasquille*..................	61
Hommage aux Enfants de Martin..................	68
Homme qui chique (Un).............................	182
Hue Dada!..	63
Labour d'Automne (Le) *Pasquille*................	244
Lièvres (Les)...	162
Maison de Thérèse (La) *Pasquille*................	35
Mariage du Petit-Quinquin (Le)...................	193
Marie-Grippette...	117
Martin et Martine......................................	72
Mazeppa. *Pasquille*..................................	196
Mimi Lamour..	16
Mimile au Musée.......................................	37
Nouveau Marié. *Pasquille*.........................	82
Panorama (Le) *Pasquille*..........................	155
Parques (Les) *Pasquille*...........................	231
Pinteleux (Les)..	27
Pipes Gisclon (Les)....................................	197
Pompiers de Lille (Les)..............................	234
Printemps et l'hiver (Le) *Pasquille*.............	251
Puant (Le)..	140
Pyrame et Thisbé. *Pasquille*.....................	133
Rentrée d'un concours (La) *Pasquille*.........	24
Retraite en musique (La)...........................	51
Réveillon (Le)...	171
Ritin le Tapin...	43
Sainte-Anne (La).......................................	124
Samedi dans le Nord (Le) *Pasquille*...........	176
Tambour (Le)...	240
Tribulations d'un amoureux (Les)................	90
Violon (Mon)..	11
Vive l' Broutteux!.....................................	208
Voisin complaisant (Un) *Pasquille*.............	107
Watteau..	226

LISTE ALPHABÉTIQUE
DES CHANSONS ET PASQUILLES
Contenues dans les tomes 2, 3, 4 et 5,

Et qui se vendent par livraisons à 15 Centimes.

Le premier volume ne se vend plus par livraisons.

	Volumes.	Livraisons.
Agilité (L') *Pasquille*	4	22
Agrémints du mariache (Les)	3	7
Ah ! qu'ch'est sot d'ête amoureux !	4	14
Aie-iae-iaé !	4	7
Alcazar (L')	5	19
Amoureux de Madelon (L')	5	2
Amoureux Farceux (L')	4	17
Amours de Jacquot (Les)	4	15
Amours du Diable et de l' Fille d'un porte-au-sa	2	12
Antoine Watteau	5	25
Archers du Soleil-Levant (Les)	2	16
Ascension au Beffroi (L')	3	9
Attrape-à-balous (Les)	3	17
Avant le Broquelet. *Pasquille*	5	23
Avaricieux (L')	4	5
Aventure de Carnaval (Une)	2	4
Babillarde (La)	4	8
Baptême du P'tit-Riquiqui (Le)	4	19
Barbier Masse (Le)	5	24
Batisse l'Luzot	3	13
Bernatière sans odeur (L')	4	17
Bon Berger (Le) *Pasquille*	5	29

	Volumes.	Livraisons
Bonnet de coton (Le) *Pasquille*............	2	2
Bouquetière (Une) *Pasquille*...............	5	14
Boutique à six sous (La)..................	3	14
Broquelet d'aujourd'hui (Le)	2	13
Brouette (La)............................	5	7
Cabaret (Le).............................	2	9
Cabaret du Petit-Quinquin (Le)..........	4	12
Cabarets-concerts (Les)	4	20
Cabar'tier du P'tit-Char'tier (L').........	4	14
Café (Le)................................	4	1re
Cafetière (La)...........................	4	23
Canchon-Dormoire (L')(V.: *Petit-Quinquin*.	2	»
Canchon Thrinette et l'Imp'reur de Russie.	2	8
Canonniers lillois (Les)	5	24
Carrés de Lille (Les).....................	5	13
Cave des Quatre-Martiaux (L')...........	4	18
César Fiqueux...........................	2	17
Chacharles l'hercule du Nord.............	5	12
Chansons du Carnaval (Les).............	5	6
Choisse et Thrinette. *Scène à trois person-nages*...............................	2	6*bis*
Choisse et Thrinette. *Récit ou pasquille*...	2	6
Cochon malade (Le).....................	5	17
Colette..................................	5	14
Comète (La).............................	3	13
Complainte d'un guetteur................	3	19
Complainte d'une veuve..................	4	6
Conscrits de l'an 56 (Les)................	3	1
Coquilles de Noël (Les)..................	5	28
Cousin Myrtil ou Le Poisson d'avril (Le).	3	3
Craqueu (L').............................	3	11
Crick-Mouils (Les).......................	3	15
Croqsoris................................	2	7
Curiosité (La)............................	2	2
Curiosité (La) *Couplets supplémentaires*...	2	18
Dame Victoire...........................	3	3
Dans les bois. *Pasquille*	5	16
Démolition du Beffroi (La)	5	14

	Volumes.	Livraisons.
Deux gamins (Les) *Scène à deux personnages*...............	2	14
Deux grands-pères (Les)...............	5	1
Deux Marieux gourés (Les) *Scène à deux personnages*	3	8
Diane au bain. *Pasquille*...............	5	14
Ducasse de Saint-Sauveur (L')..........	2	9
Faubourg St-Maurice (Le)	5	27
Faux Aveugles (Les) *Pasquilles*.........	5	25
Femme du Coulonneux (La)............	5	9
Femme du Perruquier (La).............	3	10
Femme qui prise (Une)................	5	21
Fille à Gros-Philippe (La).............	2	2
Funquée (La)....	5	17
Garchon d'Hôpita (L')..................	2	1
Garchon d' Lille (L')........	3	
Garchon-Girotte (L') *à la soirée de M. Linski*.	2	
Gayant................................	5	4
Georgette.............................	5	18
Gohière (La)...........................	5	22
Graignard (L')	4	4
Graissier (L').........................	4	2
Grillades (Les)..	5	10
Gros Jérôme (Le).....................	5	16
Grosse-Rougette..................... ..	3	12
Habit d' min Grand-Père (L')............	3	7
Hercule brisant sa lyre. *Pasquille*........	5	15
Héritier (L').........................	4	6
Histoire amour.use et guerrière d'un Tambour......	2	4
Hiver (L').............................	3	15
Hommage aux Enfants de Martin........	5	5
Homme né coiffé (Un)	3	18
Hommes-Pichons (Les).................	4	9
Homme qui chique (Un)................	5	21
Hue dada !...........................	5	5
J'ai du mirliton......................	3	5
Jean-Gilles	4	18

	Volumes.	Livraisons.
Jeanne-Maillotte	3	11
Jour de l An (Le)	2	1
Jour des Noces (Le)	3	2
Labour d'Automne (Le) *Pasquille*	5	14
Lettre à Mimile, sur les transformations de la ville de Lille	4	21
Lettre de Popold	2	17
Lièvres (Les)	5	20
Liquette	2	12
Liquette, ou *Conseils à une jeune fille qui doit se marier*	4	3
Lolotte. *Pasquille*	3	20
Madeleine, ou *L' Vieux Rintier amoureux*	2	16
Maflants (Les)	2	11
Maison de Thérèse (La) *Pasquille*	5	11
Manicour	2	7
Manoqueux (L')	4	13
Marchand d' faltran (L')	4	19
Marchand d' Macarons (L')	2	4
Mariage de Violette (Le) *Pasquille*	4	24
Mariage du Petit-Quinquin (Le)	5	21
Marie-Grippette	5	15
Marquis d' Bielle-Humeur (L')	4	11
Martin et Martine	5	6
Mazeppa. *Pasquille*	5	14
Mimi Lamour	5	1
Mimile au Musée	5	3
Molin Duhamel (L')	2	3
Mont-de-Piété (L')	4	12
Morale de Roger-Bontemps (La)	2	13
Mort d'Azor (La)	3	2
Moucho d' Liquette (L')	2	16
Mouchoir (Le)	2	16
Naïveté d'une Cabaretière, *Pasquille*	3	12
Nez de Marie-Rose (Le)	3	9
Nicolas, ou *le Baiser Volé*	2	8
Nouveau Marié (Le), *Pasquille*	5	8
Nouvelle-Aventure (La)	2	2

	Volumes.	Livraisons.
Nunu (Le)	3	10
On n' peut pus croire à rien	4	8
Pana (Le)	4	5
Panorama (Le) *Pasquille*	5	27
Parjuré (Le)	4	23
Parques (Les) *Pasquille*	5	28
Parrainage (Le) ou le Baptême du Petit Marchand de lait	2	1
Petit-Doigt (Le)	3	19
Petit-Parrain (Le)	4	1re
Petit-Price et Marianne-Tambour	3	20
Petit-Quinquin (Le) (*Canchon Dormoire*)	2	5 (*)
Petit Rentier (Le)	4	13
Petit Sergent sans moustaches (Le)	3	16
Philippe-le-Bon	4	16
Ph'lippe et Ph'lippine	3	14
Pinteleux (Les)	5	2
Pipes Gisclon (Les)	5	19
Planète (La)	4	16
Pompiers de Lille (Les)	5	26
Portraits (Mes)	4	3
Prédictions de m'n Armena (Les)	2	8
Printemps et l'hiver (Le) *Pasquille*	5	23
Promenade en bateau (Une) *Aller*	2	18
Idem. *Retour*	2	18
Puant (Le)	5	23
Pyrame et Thisbé. *Pasquille*	5	12
Rattacheuse (La)	4	2
Rentrée d'un concours (La) *Pasquille*	5	9
Retraite en musique (La)	5	4
Rêve de Franços	3	17
Réveillon (Le)	5	18
Revenants (Les) *Pasquille*	4	21
Rêves (Les)	3	12
Ritin l' Tapin	5	3

(*) Cette chanson se vend avec accompagnement de piano, 25 centimes.

	Volumes.	Livraisons.
Roi des Perruquiers (Le)	2	15
Ronde du Temps passé	4	24
Rosette	3	18
Ru-tout-ju (L')	3	16
Sainte-Anne (La)	5	11
Samedi dans le Nord (Le) *Pasquille*	5	22
Sergent-de-Chœur (Le)	3	6
Si j'étos Garchon !	4	15
Sorlets Vieux !.... ou l' *Vieux Chav'tier*	3	4
Souvenances (Les), ou l' *Amour ombrageux* Duo	4	22
Tambour (Le)	5	26
Testament (Le)	3	4
Tribulations d'un amoureux (Les)	5	10
Valet de société (Le)	4	10
Vieille Dentellière (La)	2	9
Vieilles croyances (Les)	3	5
Vieux Cabaret (Le)	4	4
Vieux Fripier (Le)	4	9
Vinaigrettes (Les)	4	10
Vingt ans	4	20
Violette, *Pasquille*	2	10
Violette, *Chanson*	2	10
Violette (Le mariage de) *Pasquille*	4	24
Violon (Mon)	5	8
Vive l' Broutteux !	5	29
Vive l' Crinoline !	4	11
Vivent les Lillois !	2	15
Voisin complaisant (Un) *Pasquille*	5	20
Voyage à Arras (Mon)	4	7
Watteau	5	25

MIMI LAMOUR.

Air de Desrousseaux.

LES DEUX GRANDS PÈRES

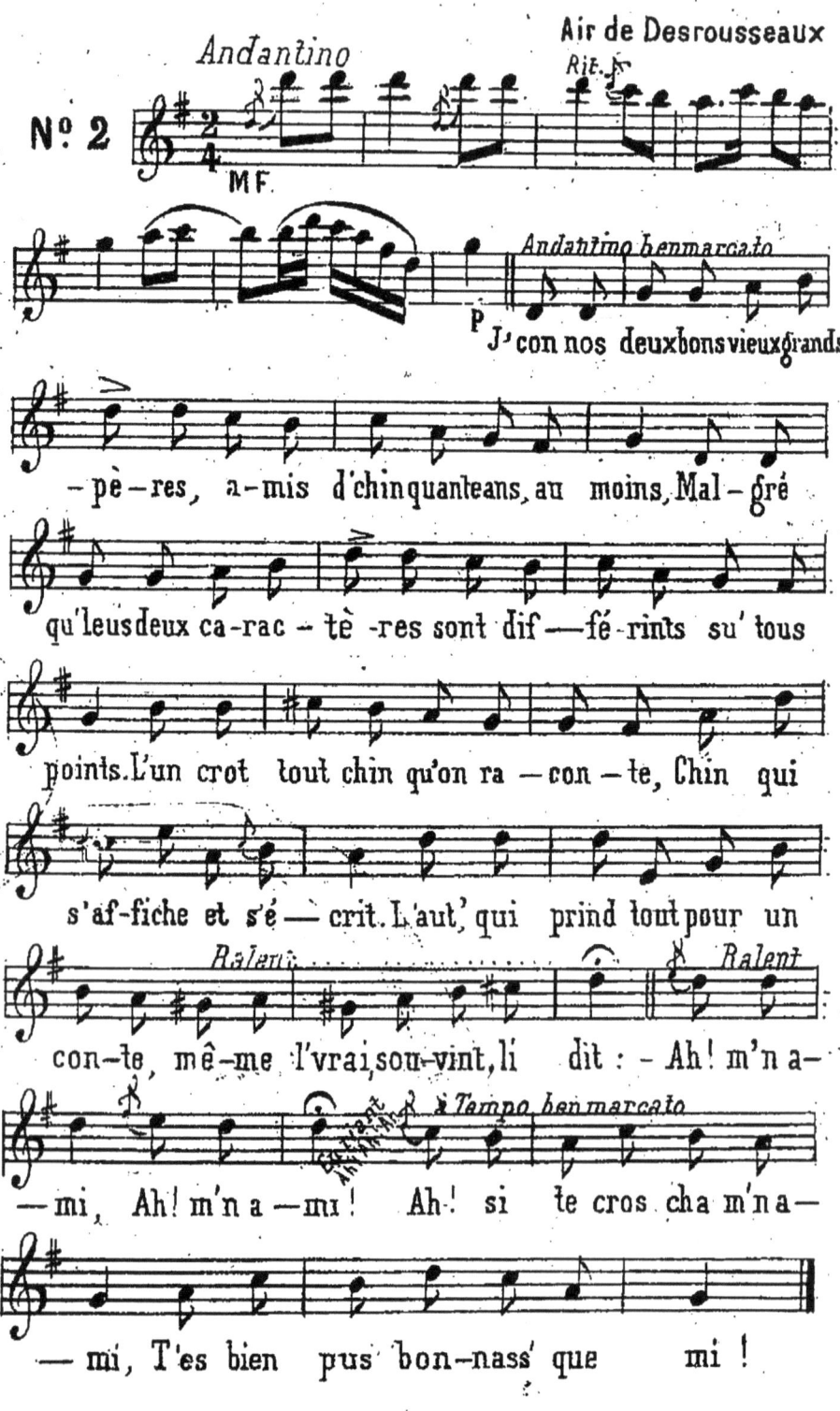

L'AMOUREUX D' MAD'LON.

MIMILE AU MUSÉE

RITIN L'TAPIN.

HUE DADA !!!

AUX ENFANTS DE MARTIN.

MARTIN & MARTINE

LES CHANSONS DU CARNAVAL

Air de Desrousseaux

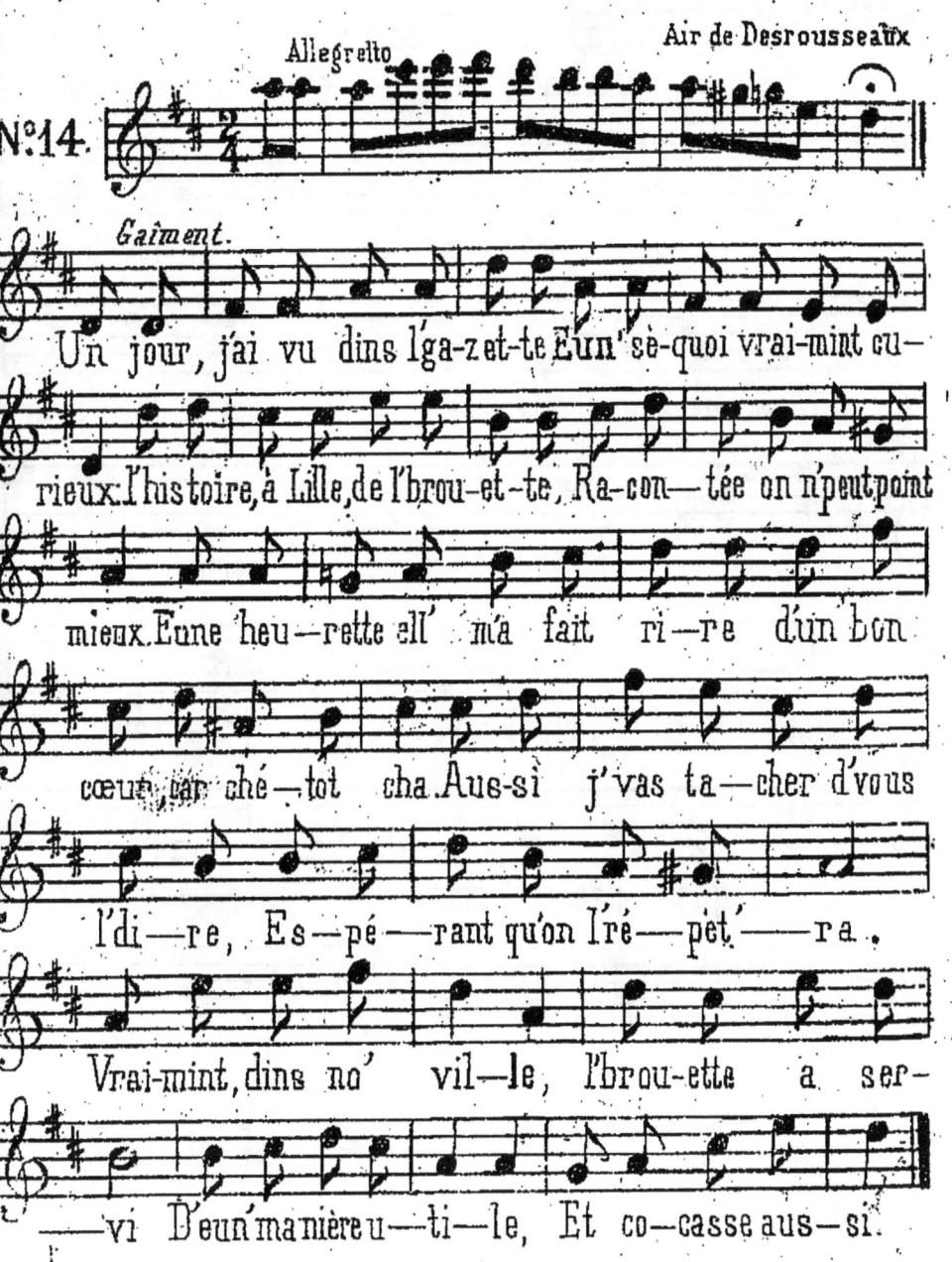

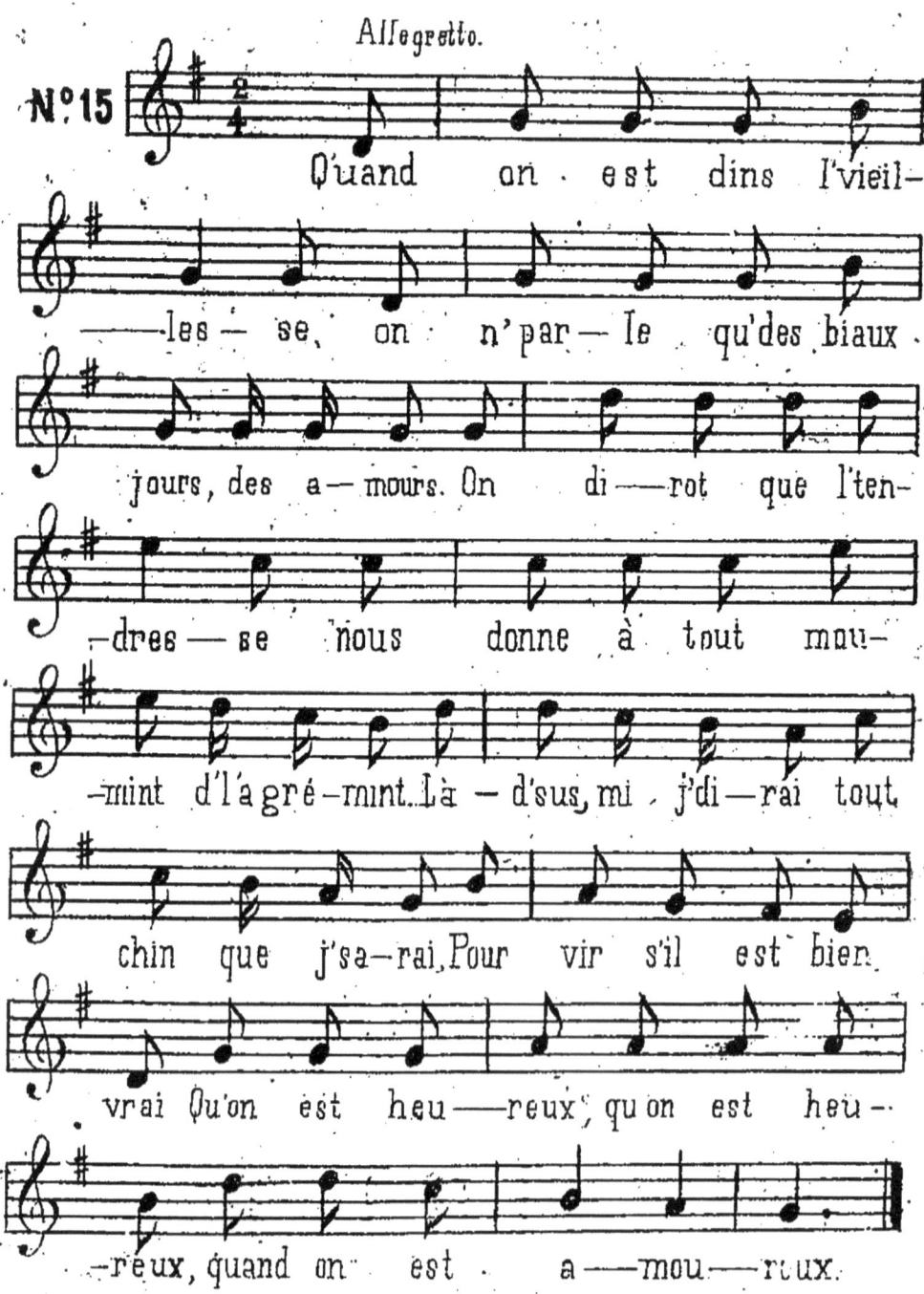

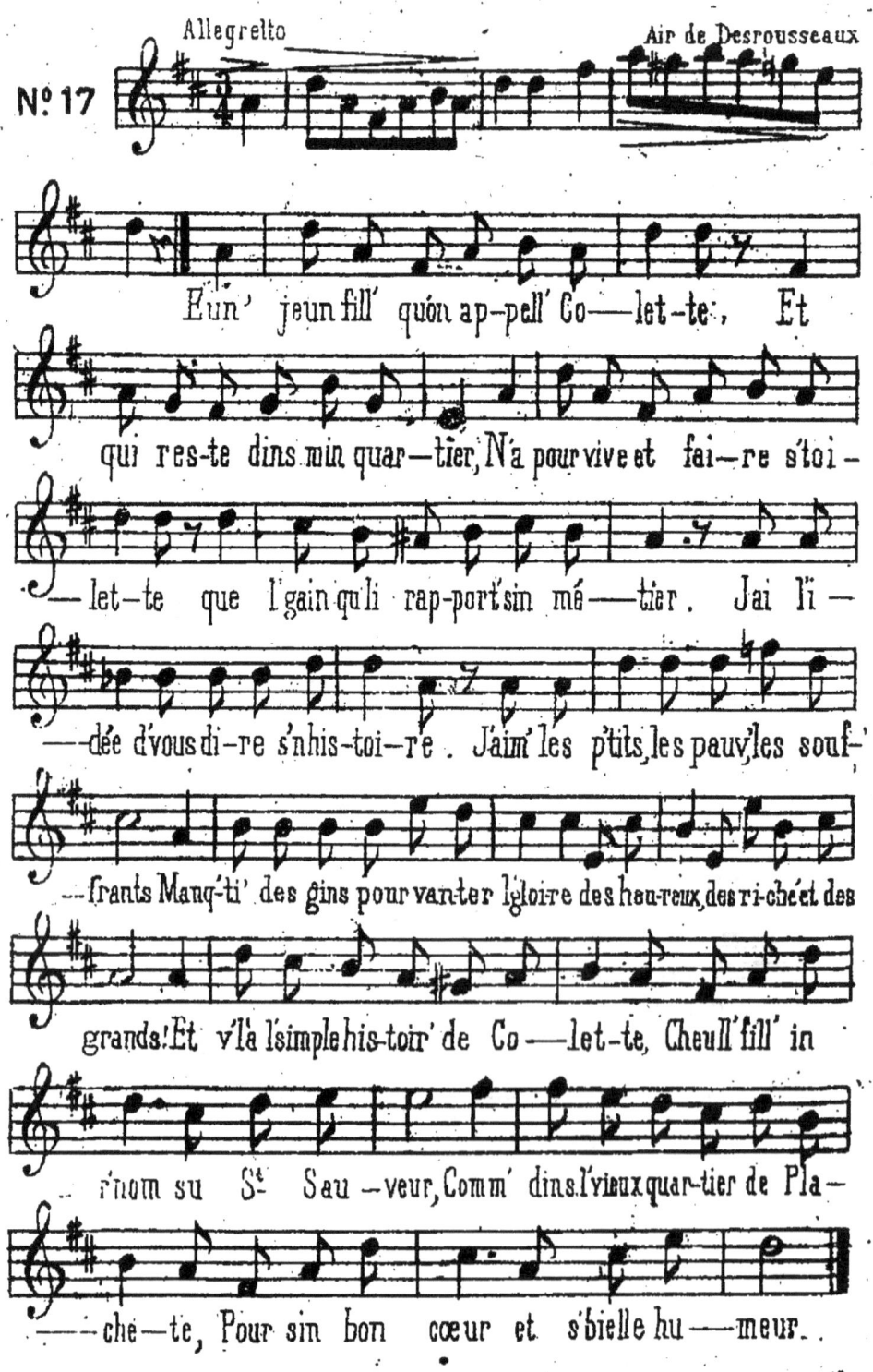

LA FEMME D'UN COULONNEUX

MARIE GRIPPETTE

Air de Desrousseaux

N° 19. Allegretto

Gaiment

J'n'aim' point d'dir' du ma des hommes et des femm' in-cor bien moins, par mal-heur, au temps qu'nou sommes, On trouve à r'dir' su' tous points. A la fin je n'peux pus m'tai-re De m'cou-

Rit. a tempo

-sin' Ma-ri' Mad'-lon, J'vas vous r'tra-cer l'carac-tè-re, vous m'di-rez qui n'est point bon. Queull' mé-chant' ser-pet-te Que m'cou-sin' Mad'-lon! On l'ap-pell' Ma-ri' Grip--pet-te, Ch'est bien sin vrai nom.

GEORGETTE

Allegretto Air de Desrousseaux

Vieux, l'jeu-nesse est tou-dis biel-le, Du moins cha s'dit tous les jours A-vec bon-heur, on s'rap-pel-le Sur-tout ses pre-mier's a-mours Mi, là-d'sus, n'y-a rien qu'je r'gret-te, Tout au con-trair' min pas-sé m'rap-pelle eun' nom-mé' Geor-get-te Et min cœur est op-pres-sé. Queull' dro-les-se! queull' dia-bles-se! n'ayant point l'air d'y tou-cher Qu'elle a su m'faire in-ra-ger. Qu'elle a su m'faire in-ra-ger!

LES LIÈVRES

L'ALCAZAR.

Air de Desrousseaux

UNE FEMME QUI PRISE

Allegretto Air de Desrousseaux

N° 26.

On n'se fait point, comm' dit m'gra-mè-re, On s'trouv'tout fait. Mi, par mal-heur, Je n'peux point m'es-pli-quer ch'mys-té-re, L'o-deur du s'nu m'donn'des mas d'cœur. Aus-si quand j'fréquentos Char-lot-te, Pour mi sa-voir sin sin-ti-mint, Tout in d'vi-sant d'eunn'cosse et d'au-te, J'a-vos soin d'rè-pè-ter sou-vint : Ne m'par-lez point d'eunn'femm'qui pris-se! O-bli-ge d'vive à sin cô-tè, Ch'est un sup-pli-ce Ch'est un sup-plic'pou s'n'hom'in vé-ri-tè.

LE MARIAGE DU PETIT QUINQUIN

Air de Desrousseaux

LA GOHIÈRE.

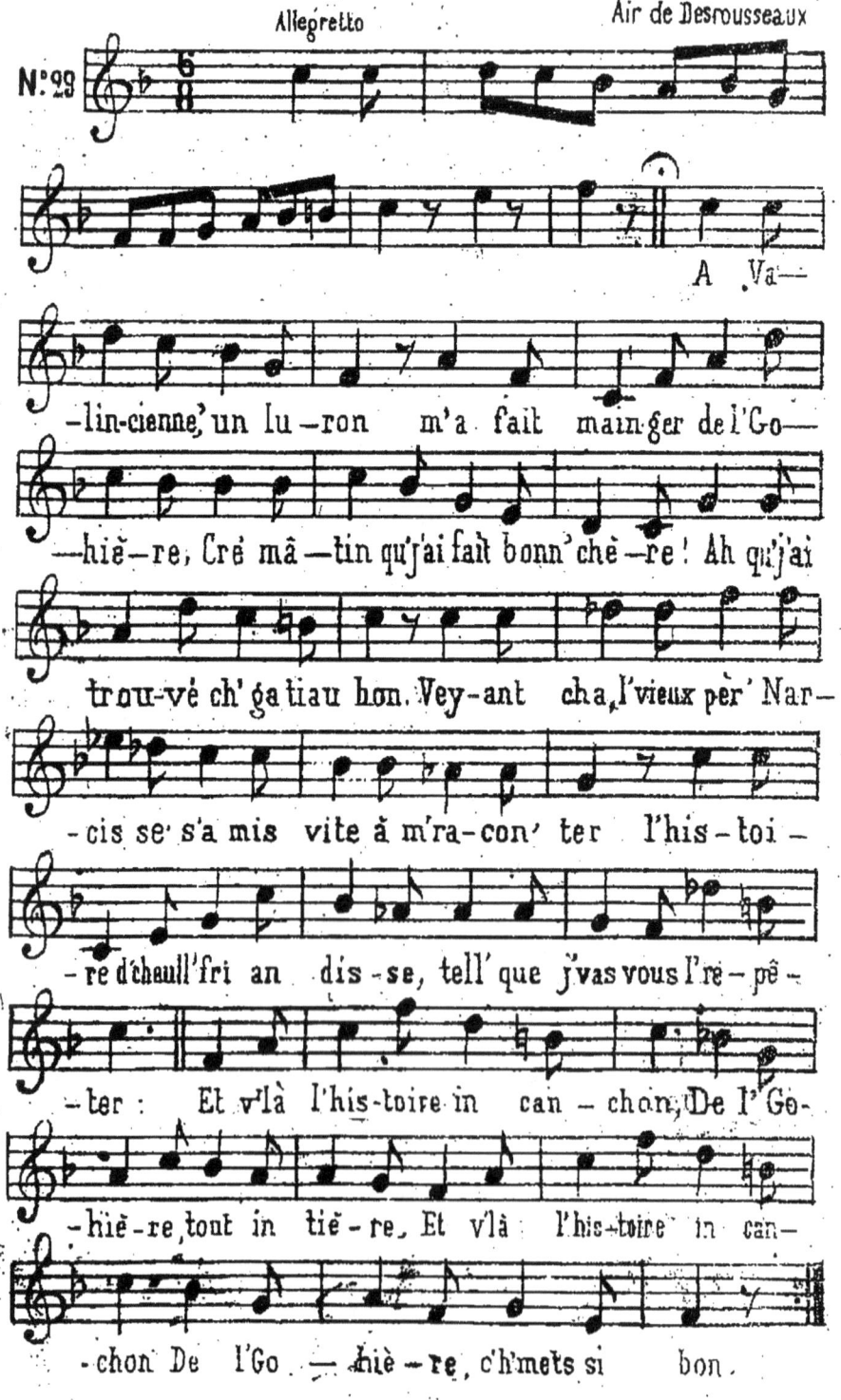

ANTOINE WATTEAU.

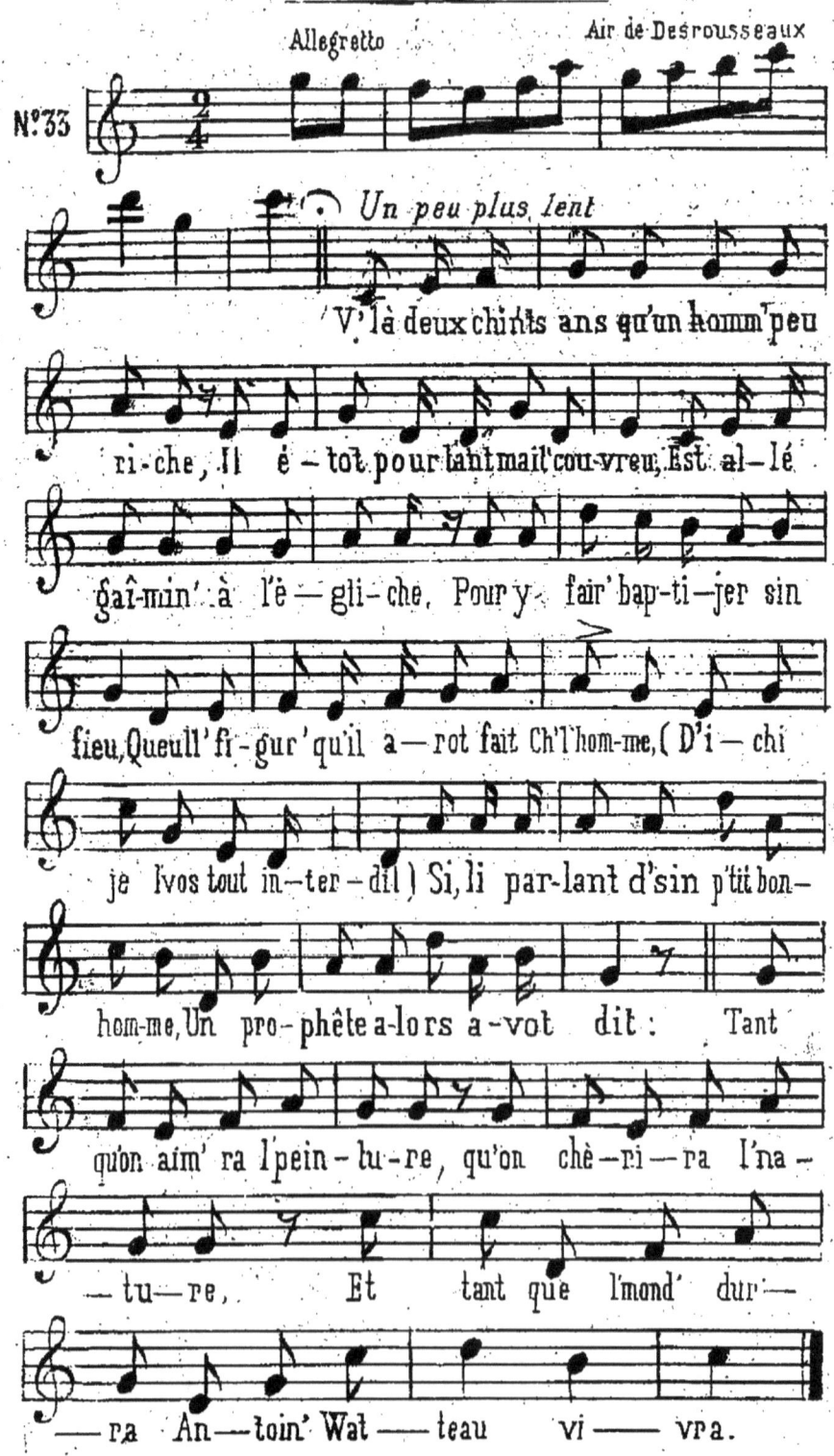

Air de Desrousseaux

V'là deux chints ans qu'un homm'peu riche, Il é-tot pourtant mail'cou-vreu, Est al-lé gaî-min' à l'é-gli-che, Pour y fair' bap-ti-jer sin fieu, Queull' fi-gur' qu'il a-rot fait Ch'l'hom-me, (D'i-chi je l'vos tout in-ter-dit) Si, li par-lant d'sin p'tiibon-hom-me, Un pro-phète a-lors a-vot dit : Tant qu'on aim' ra l'pein-tu-re, qu'on chè-ri-ra l'na-tu-re, Et tant que l'mond' dur-ra An-toin' Wat-teau vi-vra.

EN VENTE, A LILLE,
Chez les Libraires et les Marchands de Musique,
ET CHEZ L'AUTEUR, RUE JACQUEMARS-GIÉLÉE, 48,
LES
CHANSONS ET PASQUILLES LILLOISES
De DESROUSSEAUX.

L'ouvrage complet se compose de 5 volumes avec musique.
Prix de chaque volume : **2 fr. 50** c.

Les tomes 2, 3, 4 et 5 se vendent par livraisons contenant chacune *deux Chansons* ou *une Chanson et une Pasquille*, au minimum.
Prix de chaque livraison : **15** centimes.

Le 5ᵉ volume contient, à la fin, une liste générale, par ordre alphabétique, des Chansons et Pasquilles qui se vendent par livraisons.

La Chanson dite du « *Petit Quinquin* » avec air noté et accompagnement de piano, se vend **25** centimes.

BROCHURES DEVENUES RARES

Que l'on peut cependant se procurer encore *chez l'Auteur, rue Jacquemars-Giélée, 48, à Lille,*
Sans augmentation de prix :

Mes Étrennes, Almanach chantant pour 1859 (*très rare*)... **50** c.
Mes Étrennes,   dᵒ   pour 1881 (*rare*)........ **50** c.
Souvenirs de l'Exposition des Beaux-Arts de Lille, 1881 ;
    1ʳᵉ Série (*rare*).......................... **75** c.
    2ᵉ Série (*très rare*)....................... **75** c.
Brûle-Maison, chansonnier lillois du XVIIIᵉ siècle, étude biographique............................... **50** c.

Les Assiettes dites des « **CHANSONS LILLOISES** » sont en vente :
    A PARIS, rue Paradis-Poissonnière, 28,
    A LILLE, chez Mme Vve Focqueu, rue de la Clef, 2,
    —   chez M. Delannoy, rue Léon Gambetta, 80.

www.ingramcontent.com/pod-product-compliance
Lightning Source LLC
Chambersburg PA
CBHW071131160426
43196CB00011B/1859